2014—2015

中国彩电研究蓝皮书

中国电子视像行业协会（CVIA） 主编

人民邮电出版社

北京

图书在版编目（CIP）数据

2014-2015中国彩电研究蓝皮书 / 中国电子视像行业协会（CVIA）主编. -- 北京 : 人民邮电出版社, 2016.7
ISBN 978-7-115-42111-1

Ⅰ. ①2… Ⅱ. ①中… Ⅲ. ①彩电行业－产业发展－研究报告－中国－2014-2015 Ⅳ. ①F426.63

中国版本图书馆CIP数据核字(2016)第101126号

内 容 提 要

本书由中国电子视像行业协会组织彩电行业专家、骨干企业领导、咨询公司研究人员等共同编写，并得到了工业和信息化部运行监测协调局、电子信息司的大力支持。本书反映了2014—2015年中国彩电行业的发展形势及未来趋势，分析了彩电行业的市场发展情况，对产品及技术升级、行业热点趋势予以详细剖析。希望本书能够为企业决策层、行业研究人员以及普通消费者提供帮助，同时可以指导行业健康有序地发展！

◆ 主　　编　中国电子视像行业协会（CVIA）
　责任编辑　王朝辉
　执行编辑　杜海岳
　责任印制　彭志环

◆ 人民邮电出版社出版发行　　北京市丰台区成寿寺路11号
　邮编　100164　　电子邮件　315@ptpress.com.cn
　网址　http://www.ptpress.com.cn
　三河市海波印务有限公司印刷

◆ 开本：880×1230　1/32
　印张：6.5　　2016年7月第1版
　字数：164千字　　2016年7月河北第1次印刷

定价：48.00元

读者服务热线：(010)81055410　印装质量热线：(010)81055316
反盗版热线：(010)81055315

《2014—2015中国彩电研究蓝皮书》

编 委 会

前　言

2014—2015 年是彩电行业发展的关键时期，彩电企业坚持技术研发、功能革新、市场开拓；显示技术走向多元，OLED 崭露头角，量子点的出现让 LCD 显示技术焕发出新的生机与活力，同时彩电企业把功能创新的落脚点放在了用户体验的提高上；2014—2015 年也是彩电产业结构持续调整的一年，工业精神和互联网思维持续碰撞，推动着行业向新的方向前进。

在结构调整、消费升级时期的新常态下，以用户需求体验为导向，技术及产品创新成为新的突破口，考验着企业的创新能力和技术实力，从而推动电视行业整体快速发展。

在这样的发展形势下，为了及时、准确、全面、客观地总结和分析中国彩电行业的发展情况，并全面展望行业未来的发展趋势，中国电子视像行业协会组织彩电行业专家、骨干企业领导、咨询公司研究人员等共同编写了《2014—2015 中国彩电研究蓝皮书》。

该书在编写过程中，得到了工业和信息化部运行监测协调局、电子信息司的大力支持，也得到业内企业的大力帮助。中国电子视像行业协会本着科学严谨、求实负责的原则著书，认真履行行业责任，力争将本书打造成具有专业性、权威性、客观性的行业指导手册，为企业进行决策提供重要依据，并对彩电行业的健康和谐发展起到指导作用。

本书主要内容包含以下几点。

（1）2014 年彩电行业整体形势回顾。

（2）2015 年彩电行业整体形势回顾及展望。

（3）新型显示技术及彩电产品升级趋势解析。

（4）彩电行业发展热点聚焦。

（5）彩电行业数据发布。

《中国彩电研究蓝皮书》自 2007 年由中国电子视像行业协会首次发布至 2015 年，已经经历了 9 个年头，记录了彩电行业 8 年的发展历程，见证了彩电行业的转型升级，经过多年的积累已经成为业内公认的权威读物。连续出版的《2011 中国彩电研究蓝皮书》《2012 中国彩电研究蓝皮书》和《2013 中国彩电研究蓝皮书》更是受到了上级主管部门、企业、媒体以及广大读者的普遍关注和广泛好评。希望《2014—2015 中国彩电研究蓝皮书》能够不负众望，继续起到普及电视行业相关知识、正确引导消费、推动行业发展的作用。

本书编委会

目　录

第一篇

2014 年回顾

1. 2014 年彩电行业发展回顾

2014 年，我国彩电行业面对宏观经济增速放缓、“后政策时代”消费需求不足、各环节成本显著提高等压力，面临产品同质化严重、核心技术话语权不足、产品生命周期缩短等挑战。全年彩电市场持续低位运行，整体需求收窄、销量下滑，尽管下半年彩电销量较上半年有所回升，但依然无法扭转行业“困局”。

一、基本情况

（一）生产保持增长

2014 年，全行业共生产彩电 14129 万台，同比增长 10.9%；其中，液晶电视 13866 万台，同比增长 13.3%。从月度看，除年初受节日因素影响增幅较小外，液晶电视全年基本保持两位数的增幅。

（二）出口增势突出

据海关统计，2014 年，我国共出口彩电 7406 万台，出口额 135.5 亿美元，同比增长 22.6%；其中，液晶电视出口达到 6871 万台，出口额 128.3 亿美元，同比增长 20.5%。详见图 1-1。

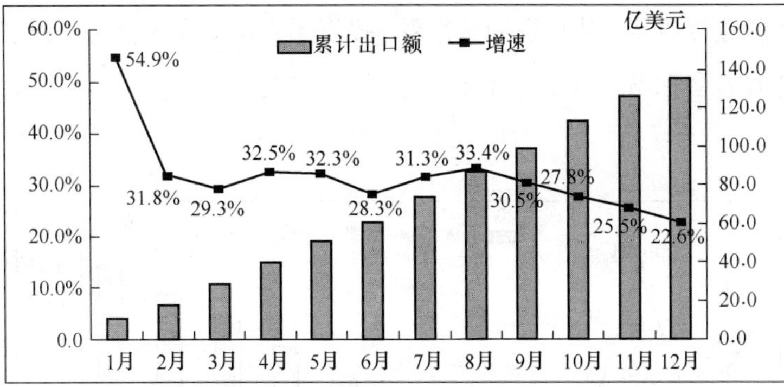

图 1-1　2014 年我国彩电逐月累计出口情况

（三）收入低位增长，利润扭亏为盈

2014 年，我国电视机制造业实现主营业务收入 4054 亿元，同比增长 1.1%；实现利润 138 亿元，同比增长 20.2%。行业平均利润率为 3.4%，低于电子制造业平均水平 1.5 个百分点。从走势来看，2014 年电视机制造业除年初受传统节日的影响，收入增幅较大，进入二季度后，增势维持低位；而上半年利润增速维持负增长，进入下半年，随着大屏、智能、4K 液晶电视销量的增加，扭转了利润负增长的态势。详见图 1-2、图 1-3。

（四）行业投资低位运行

2014 年，电视机制造业 500 万元以上的项目完成固定资产投资 102 亿元，同比下降 15.3%，低于电子制造业平均水平 26.7 个百分点。从投资增速来看，呈 L 形走势，从 3 月份开始下降幅度逐渐收窄。从投资领域来看，投资重点集中在智能电视及芯片开发等环节。详见图 1-4。

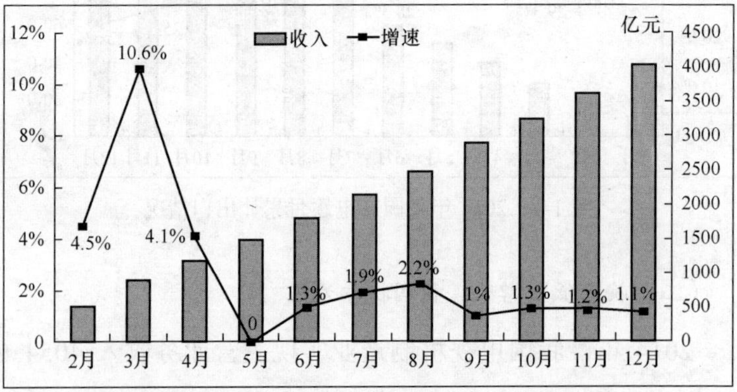

图 1-2　2014 年我国电视机制造业逐月累计收入情况

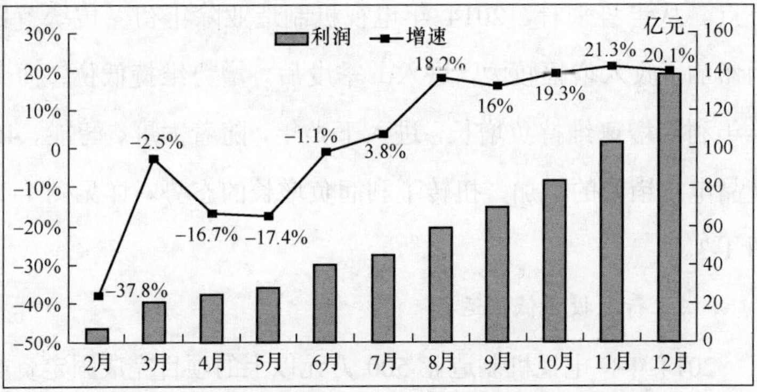

图 1-3　2014 年我国电视机制造业逐月累计利润情况

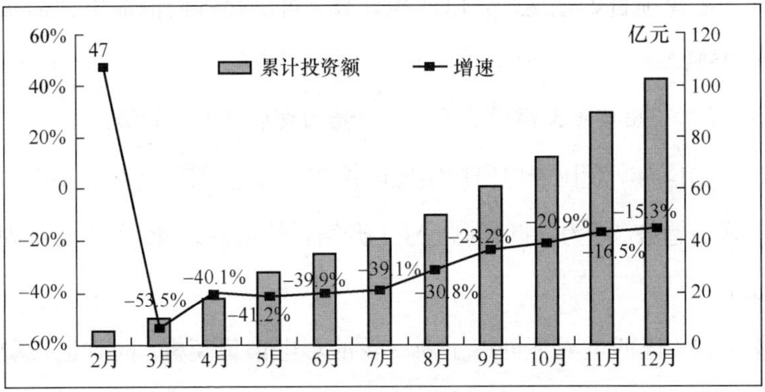

图 1-4　2014 年电视机制造业逐月累计投资情况

二、运行特点

（一）我国彩电产业基本完成平板化转型，平板显示工业体系初步建立

从产业结构看：液晶电视成为主导，占据出货量的 92.9%，内销市场 LCD 电视占比为 98.52%，PDP 电视占比为 1.47%，CRT 电视基本退出，只有外销。ULED 和 OLED 等新型显示技术的电视产品逐渐受到消费者的关注。

从工业体系看：平板显示产业体系已重构。目前国内初步形成了北京地区、长三角地区、成渝地区以及珠三角地区 4 个面板显示产业集聚发展带。目前已建成面板生产线 14 条，还有拟建、在建的 14 条。2014 年我国面板自主配套率首次突破 50%。2015

年，在建项目如期达产，以面积计算，可满足国内液晶电视需求的 75%。

（二）出口量大幅增长为彩电市场的发展注入新的活力

2014 年，我国彩电出口实现增长 22.6%，扭转了连续 3 年出口下降的趋势，成为支持彩电行业上升增长的重要力量。其主要原因如下。

（1）巴西世界杯创造了新一轮的彩电销售契机，同时也带动了电视平均尺寸的增长。

（2）随着经济逐步好转，西欧和北美电视市场也正在恢复，出现平板电视和超高清电视产品更新换代需求，北美洲、欧洲和非洲市场同比增幅较大。

（3）加大海外市场开拓力度，分散产能增加。长虹、海信和海尔品牌外销出货量同比增幅较大。国内家电企业除加强研发外，还积极尝试跨国收购。创维并购了厦华南非公司，就近解决供应链问题；海尔先收购了三洋在东南亚和日本的白电资产，又收购了新西兰斐雪派克；TCL 以 1.2 亿港元收购了三洋在墨西哥的彩电工厂及相关资产。

（三）内销市场低迷

据中国电子视像行业协会统计，我国彩电内销总量为 4461 万台，同比下降 6.6%。内销市场低迷的主要原因有：一是家电补贴政策退出，且前期透支了部分市场；二是国内经济增速放缓，特别是房地产业不景气，直接影响产品需求；三是互联网企业进军家电领域，以“内容补贴硬件”的模式对传统彩电需求带来冲击。

（四）电商渠道地位进一步提高

互联网改变了传统电视产品的形态，也改变着家电的传统销售渠道。在家电市场全面“触网”的背景下，2014 年，家电网购市场业态占比不断增大。2015 年，平板电视线上市场份额达到 20%。伴随电商平台物流体系的建设与完善，家电网购彻底打破了家电渠道在体验、价格、厂商合作关系等方面的传统“价值观”。

三、值得关注的问题

（一）需求进入平台期，规模增长转向结构调整

经历了 10 多年的高速增长，以及近 5 年来的刺激消费，国内彩电的保有量已经较高。另外，原来支撑彩电销量增长的 CRT 替换需求、人口红利、房地产业利润高速增长等因素逐步弱化。因此，未来国内彩电的增长方式将从“规模性增长”向“结构性增长”转变，更大的屏幕、智能化、超高清及 LCD 电视的更新换代将成为未来新的增长点。

（二）价格下降过快，深陷“增量不增收”的困局

彩电作为最后一个接入互联网的客厅大屏，吸引了众多互联网厂商的关注和跨界进入。“羊毛出在猪身上”的互联网商业模

式也随之被带到彩电行业中来，低价一再刷新纪录。从 2012 年到 2014 年的 3 年时间里，电视机平均尺寸不断增大，分别为 37 英寸、40 英寸和 42 英寸（1 英寸=2.54 厘米），而平均单价则分别为 3479 元、3576 元、3456 元，基本处于同一水平。这给处于充分竞争状态、利润微薄的彩电行业带来收入和利润双降的压力，整机厂商必须通过不断升级产品以弥补跌价损失。

（三）内容监管将成为常态，亟需创新发展思路

随着国家信息安全战略的逐步推进，内容监管将成为常态。这将带来几方面影响：一是“擦边球”式的业务创新将面临巨大的政策风险；二是通过资本层面整合产业链的难度加大，“合作分成”模式可能更有效率；三是入口资源的相对集中，为“用户对内容付费”奠定了基础；四是严格的内容审查，促使内容服务商对产品的经营管理更趋精细化。

来源：中国电子视像行业协会

2. 2014 年中国彩电零售市场回顾

2014 年在中国经济整体增长速度放缓、工业疲软、消费者购买意愿谨慎的背景下，彩电行业度过了比较艰难的一年。奥维云网（AVC）数据显示（详见表 2-1）：2014 年中国彩电市场销量为 4461 万台，同比下降 6.6%；销售额 1462 亿元，同比下降 14.5%。彩电行业规模下降的主要原因有以下 3 点：一是历时 5 年的政策刺激，使市场需求透支约 1200 万台，该因素将持续影响未来 3 年；二是房地产行业无力托市，商品房和住宅成交量同比大幅下滑，减少新增需求 150 万台左右；三是智能终端的发展取代了部分彩电更新换代的需求。

表 2-1　　2012—2014 年彩电市场销量和销售额及其对比

年份	销量（万台）	销售额（亿元）
2014 年	4461	1462
2013 年	4779	1709
2012 年	4246	1477
2014 年/2013 年	−6.6%	−14.5%
2014 年/2012 年	5%	−1%

（一）渠道“拼”——电商主流化：线上渠道逆势上扬，抢占线下份额

随着互联网的普及和网络用户数的不断增加，网络已经成为影响巨大的新媒体平台，为电子商务市场的发展和壮大提供了良好的契机。奥维云网数据显示：2014 年中国彩电线上市场零售量 787 万台，同比增长 79%，占整体市场的 18%；线下市场零售量 3674 万台，同比下降 15%。电商的促销将线下传统的春节、五一、十一三大节点打散为十几个节点，彩电市场的促销节奏呈现旺季不旺、淡季不淡的景象，整体成为一个个小的波峰和波谷。对于厂商和渠道而言，过去长周期准备的阵地战将被频繁短促的游击战替代。

（二）品牌“拼”——品牌多元化：品牌激战，互联网品牌表现出色

2014 年互联网企业跨界崛起，在视频内容、社会化营销、软件创新、商业模式上为彩电市场注入了强有力的新鲜血液，激活了彩电行业的竞争格局，传统彩电企业也纷纷打造互联网专属品牌。奥维云网数据显示，2014 年互联网品牌的市场份额增长至 6%，传统品牌的市场份额则下降至 94%。

（三）价格“拼”——价格低端化：高位价格段下移，日韩降幅最大

奥维云网数据显示：2014 年彩电价格全线下降，其中，3000

元以下的电视产品备受欢迎，占据 61%的市场份额，相比 2013 年上升 7 个百分点；3000 元以上的产品份额下降，同比下降 6 个百分点。日韩品牌在大尺寸段价格降幅最大，其中日系品牌 55 英寸和 65 英寸的价格较年初均下降 25%，韩系品牌 55 英寸和 65 英寸的价格较年初分别下降 16%和 20%。

（四）产品“拼”——产品高端化：“高大智”齐发力，新技术产品进入视野

奥维云网数据显示：2014 年 UHD 电视渗透率为 14%，较去年提高 12 个百分点，2014 年上市 UHD 电视机型达到 283 个，占总上市机型的 21%；50 英寸以上电视渗透率为 26%，其中 55 英寸以上电视渗透率为 13%，提高 4 个百分点，大尺寸市场的快速成长使彩电的平均尺寸由 2013 年的 39.9 英寸增大至 2014 年的 42.2 英寸；智能电视渗透率为 58%，提高 14 个百分点，2014 年上市智能电视机型达到 832 个，占总上市机型的 61%。

享受型产品中，曲面电视正在逐渐被消费者接受，2014 年贡献销量 13 万台，占比 0.4%；OLED 销量达 5000 台；激光电视崭露头角，销量近 1000 台。

来源：奥维云网（AVC） 王中正 朱圆圆

3. 2014 年农村家电市场发展现状及变化趋势

一、农村市场的变化——城镇化、扁平化、品牌化

（一）市场转移：城镇化加速，家电市场由农村市场向城镇市场转移

2011 年中国城镇化率超过了 51%，2014 年超过 55%，而按照国家新型城镇化规划，到 2020 年我国城镇化率将达到 60%。除了人口数量反转外，城乡家庭的消费能力也有较大差异，2013 年城镇家庭年均支出是农村家庭的 2.2 倍。以家庭为单位，预计到 2017 年，城镇市场规模将为农村市场的 3 倍。中国家电产品从以农村为主体的市场，快速转变为以城镇为主体的市场。

（二）渠道变革：电商渗透加速渠道扁平化

随着电商在城市市场的高速增长，资本市场未雨绸缪，为抢夺市场先机，纷纷注资电商企业开始布局农村市场，从京东的 30.9 亿美元到阿里的 217.6 亿美元，融资额越来越大，年收入破千万人民币将成常态，2015 年年收入破千万人民币的电商企业数量已达到 812 家。随着资本问题的解决，长期以来困扰农村市

场的物流瓶颈也逐步消除。

在电商的冲击和推动下，线上、线下产品均价逐步趋同，线下渠道的利润逐步萎缩，传统的分销零售渠道价格体系逐步被推平，农村市场渠道结构逐步扁平化，分销代理机制逐步走向消亡。

（三）消费者变化：消费者品牌意识觉醒，人情主导消费依然存在

农村市场的消费者在购物时依然较为理性，看重性价比，倾向于选择实惠耐用的产品；而相对乡镇、农村用户，县城用户品牌意识逐渐觉醒，企业在产品定位上的“高大上”至关重要，他们更倾向于追求事业成功和自我价值的实现，喜欢自由放松的生活方式，喜欢流行与时尚，有时会购买一些物品来展示自己的品位。随着农村市场整体消费水平和能力的提升，及外出务工人员城市化生活方式和思想的影响，消费者对生活品质的追求越来越高，农村消费者的生活方式和思想逐步城市化，品牌意识已逐渐觉醒。

农村市场受网络覆盖、区域限制、生活圈子等影响，互联网的冲击相对较小，依然是人情化社会。建立在人脉基础上的社会关系与生活圈子稳定，在人情化氛围较浓的圈子，人们在购物时相互影响，喜欢将购物消费的体验相互分享，口碑效应明显。

二、农村家电渠道的变化——渠道下沉，物流先行

（一）京东：通过强大的线上流量和产品低价优势布局农村市场

为加速农村市场布局，京东利用海量的用户和订单资源、庞大的商品资源，通过开放平台，利用强大的 IT 系统，以县级平台为单位，整合和招募服务商，对其进行店面形象、车身和服装的统一，统一打造“京东帮”品牌服务店，通过“正品+低价+快速物流”的核心竞争力，布局农村家电 O2O。

在合作模式上，京东通过开放 IT 系统、产品和金融支持，选择农村渠道商，对其提供大家电的送装服务，以产品代销、虚拟商品展示等方式，进行关联业务拓展。在大家电产品的物流和配送上，为确保配送和服务的及时性，京东通过开放物流体系、整合和招募当地的物流商，或者通过县级渠道商的转型升级，实现终端高效的物流配送和安装服务。

（二）美的：利用全品类、体量规模优势整合物流，实现农村市场布局

为推动 O2O 业务发展，美的利用自身全品类的产品线、1200 亿的市场体量，整合经销商、运输公司等社会资源，并辅以 1800 家的旗舰店、1 万多家的终端服务网点、140 多个物流服务平台，利用 IT 系统、安得物流、电商平台等自有资源，打造美的物流平台，实现送装一体化。

在物流平台的搭建上，安得物流将构建全国范围内的“仓储+干线+支线”的网络运营布局。在“仓储+干线”的建设上，由安得物流负责建设和配送；支线建设通过 IT 系统和网络向下延伸至县乡，整合旗舰店、经销商和乡镇网点，通过转变部分代理商的职能来实现支线物流的配送，通过物流资源整合和开放，彻底打通最后一公里。

（三）海尔：以日日顺的分销和零售平台，利用大件家电物流完善用户体系、服务体系，下沉农村市场

海尔通过日日顺的分销和零售平台，将虚网（海尔商城、天猫旗舰店等）和实网（海尔专卖店、日日顺综合旗舰店等）相结合，并利用高门槛的大件物流配送能力的核心竞争力切入农村市场，并通过自有干线物流服务网络资源优势（3000 多条支线物流+9 万辆送装一体货车+8 万人的服务兵团），整合部分支线物流配送商和服务商（17000 多家服务商）资源，直达乡镇实现送装和服务一体化，完成“最后一公里”，实现农村市场渠道下沉。

为构建 O2O 闭环，在用户资源的获取上，海尔通过打造综合服务平台、后端上门服务得到的用户消费和需求数据，与用户进行频繁交互，实现用户全流程服务体验。

（四）汇通达：通过产品、系统、金融平台优势，构建乡镇 O2O

汇通达凭借五星电器多年的资源积累，与厂商关系良好，能

够获得较优惠的厂商政策。汇通达与农业银行的战略合作，可以为农村渠道商提供便捷高效的资金利用，并通过提供商品组合、便捷物流、网络金融、售后服务和信息整合等一站式服务，最大程度地满足农村渠道商的需求。同时，汇通达利用互联网手段，搭建 B2B 线上批发平台，通过线上、线下渠道整合县城分销商和乡镇渠道商，利用规模优势反向整合上游供应商，打通产业链。

为有效配合新型商业模式的推进，汇通达通过 IT 系统、财务系统，整合农村渠道的订单和物流配送及用户信息，并通过整合仓储和物流配送，打通所有仓库，定时、定点、定量有序配送，打造高效的公交化的配送线路，降低渠道商的配送成本，建立针对乡镇家电市场的新型 O2O 模式。

三、农村市场发展趋势——多元化、服务化、高端化、融合化、体验化

（一）业务发展趋势：多元化、多业态发展

随着移动互联网和电子商务的快速发展、品牌商的渠道下沉、消费者网购意识和网购行为的形成，原来单纯采用传统售卖方式的农村家电渠道商面临更大的竞争。同时，电商平台的低价策略促使线上、线下渠道价格趋同，实体渠道的盈利能力较前几年下降很多，部分渠道开始转型，布局其他业务和业态

以应对新的竞争环境，农村家电渠道呈现业务多元化和业态多元化发展趋势。

（二）产品发展趋势：向品牌化、高端化方向发展

随着国家城镇化步伐的加速、品牌商的渠道下沉、农村消费者整体消费能力的提升，消费者对家电产品的需求逐步升级，对家电产品质量和品牌的要求越来越高，这导致原来部分以低价策略渗透农村市场的家电杂牌生存空间越来越小。农村家电渠道商也纷纷扩充一线品牌资源，摒弃二三线品牌。产品结构逐渐向品牌化、高端化方向发展。

（三）渠道发展趋势：构建O2O平台，渠道融合化

家电网购的兴起，一方面使得电商平台不断加强自身供应链管理能力、丰富产品种类、提升技术能力，通过与实体渠道合作，提高用户的网络购物体验；另一方面也使得实体渠道为有效应对互联网的冲击纷纷布局线上渠道，展开线上、线下的渠道融合发展。家电渠道融合化发展趋势明显。

（四）经营模式发展趋势：从卖产品向卖服务转型，注重购物体验

家电产品进入智能化阶段，家电体验性需求随之增加，消费者网购之前，通过实体渠道体验会成为常态，这大大提升了实体渠道存在的必要性。未来，家电渠道将朝线上交易、线下体验的模式发展。由于售卖场所的变换，农村渠道商的经营模

式也将从单纯的产品销售向服务销售转型，更加注重购物场所的体验。

来源：奥维云网（AVC） 陈仁梁

4. 2014 年商用电视市场分析与展望

2014 年，中国商用电视市场既面对中国经济增长放缓、高端酒店市场持续遇冷、新一届政府政策影响等宏观环境的压力，同时也面临着智慧城市、数字城市等中国信息化建设不断推进带来的诸多机遇。

奥维云网（AVC）全年市场监测数据显示：2014 年中国商用电视市场整体规模达 324.7 万台，同比增长 1.3%；其中，HTV 市场销量 141.6 万台，同比增长 1.5%；DS 市场销量 183.1 万台，同比增长 1.2%。奥维云网认为，2014 年商用电视行业主要有以下特征。

一、“上降下增”：上半年同比下降 12.1%，下半年同比增长 14.0%

“上降”的主要原因是，2013 年上半年节能补贴政策翘尾效应强劲，集中采购明显，需求旺盛，而 2014 年同期无明显刺激因素，导致上半年同比下降明显。“下增”的主要原因则是 2013 年下半年节能惠民政策的结束导致市场需求缩减，而 2014 年下半年政府采购需求明显增多。

二、四星级以上酒店市场遇冷，低端及经济型酒店继续向二、三线城市扩张；企业端细分行业增长明显

目前，酒店行业仍是商用电视的重点行业，2014 年四、五星级酒店需求有限，规模同比下降明显，全年下降 20%；低端及经济型酒店继续扩张，深入二、三线城市发展，全年销量同比增长近 10%。

而随着信息显示设备的电子化趋势，企业用户对商用产品的认知程度有所增长，企业市场份额同比提升明显，主要体现在商业服务、金融、传媒、休闲娱乐等行业需求的增长。

三、32 英寸和 40 ~ 44 英寸仍为主销尺寸段，40 ~ 44 英寸和 45 ~ 49 英寸等中大尺寸增长明显

目前商用电视的主流尺寸是 32 英寸、40~44 英寸，2014 年合计份额达 77.7%。随着价格的下降及大屏化趋势的影响，部分行业客户的需求已经从 32 英寸向 42 英寸及 48 英寸转变，例如很多经济型酒店原来采购的尺寸以 32 英寸及以下尺寸为主，现在部分已向 40 英寸、42 英寸的产品过渡，整体的行业需求逐渐向大尺寸转移。详见图 4-1。

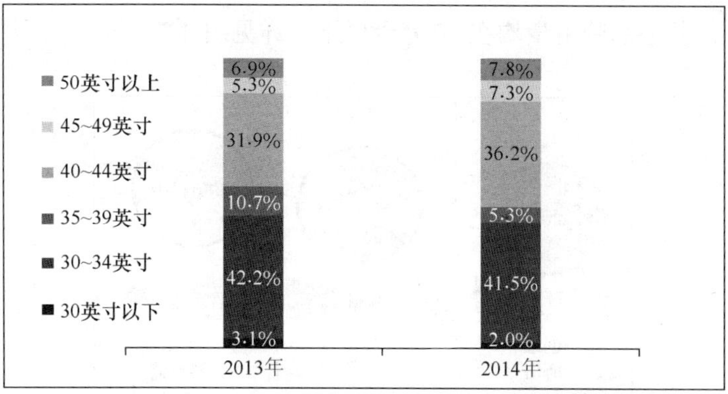

图 4-1　2013—2014 年商用电视市场分尺寸销量份额

四、LED 背光源技术已成主流，PDP 产品仅 LG 一家销售

2014 年，采用 LED 背光源技术的彩电已完全取代 CCFL 产品，CCFL 产品完全退市；而对于 PDP 产品，目前仅 LG 一家仍在销售，长虹商用机型目前已无 PDP 产品，PDP 产品的市场份额有所萎缩。

五、国内品牌占主导，外资品牌整体仍处弱势

2014 年内外资比重为 91.2∶8.8，内外资品牌间的份额差距再次拉大。其中，商用电视市场 TOP3 品牌均为国内品牌，分别为创维、海信、TCL，年度销量均在 60 万台以上，且份额提升明显。销量在 30 万台以上的也均为内资品牌，外资品牌除 LG

外，其他品牌销量均在 10 万台以下。详见图 4-2。

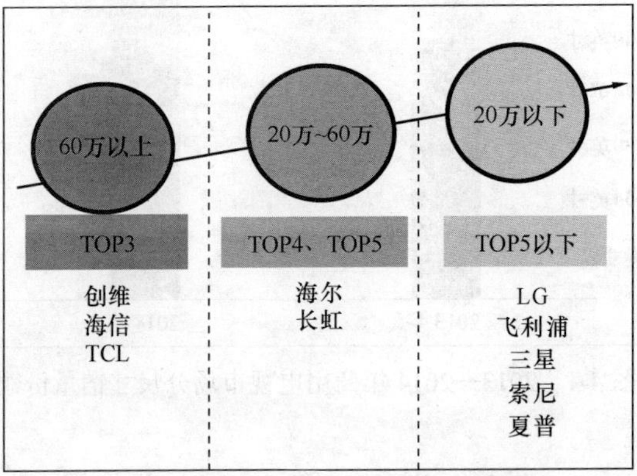

图 4-2　2014 年商用电视市场品牌阵营

六、上游面板价格持续上涨，中小尺寸供应紧张

2014 年，TV 液晶面板市场受世界杯及墨西哥政府的 LCD 电视补贴政策影响，从第二季度开始，供需开始出现结构性紧张，面板价格上扬。下半年政府采购、集中采购等销售旺季以来，TV 面板的出货持续走高，主流中小尺寸面板的价格持续攀升至年底。

七、各厂商积极布局智能酒店电视解决方案

2014 年是“智慧旅游年”，酒店行业是旅游行业的重要组成部分，传统酒店、新建酒店转型成智慧酒店，是酒店行业的目标。而随着硬件市场价格的持续触底及利润的透明化，传统电视厂商

也越来越关注酒店内的智能电视解决方案应用。外资品牌中，三星、LG、飞利浦均十分重视智能解决方案的产品，如三星的“智享”“智捷”解决方案、LG 的“悦享”方案。从国内品牌来看，TCL 今年将智能解决方案产品作为销售重点，目前其销售的带智能系统的产品达 20%以上；而海尔与青岛快乐视界合作研发的 A5000 系列，直接将智能系统植入电视当中，无需另配机顶盒。另外一些第三方厂商，如安美科技、盛阳科技、上海悦传媒也日益重视客房内的电视解决方案产品。

奥维云网监测数据显示，2015 年商用电视的销售规模达 326.5 万台，同比增长 0.7%，与去年基本持平，销售额达到 58.6 亿元，预计 2017 年和 2018 年商用电视市场将迎来更新需求高峰，同比增长近 5%。详见图 4-3。

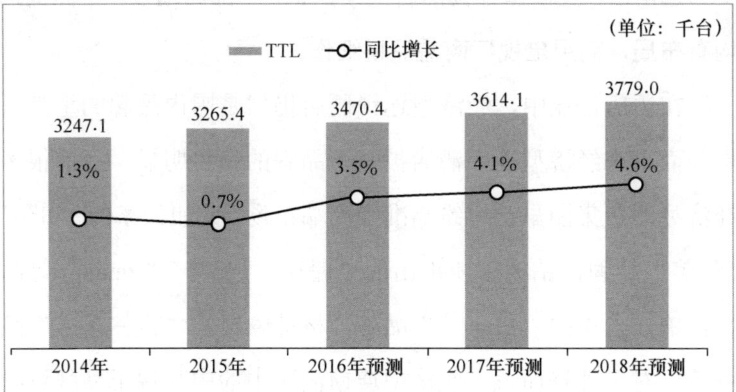

图 4-3 2014—2018 年商用电视市场规模预测

八、中国商用电视市场将呈现四大趋势

趋势一：智慧城市下的智能酒店、智能养老、智能医疗的发展，将推动带系统解决方案的产品在市场中的加速渗透，同时也促使企业加大研发投入及推广力度。

随着我国信息化的飞速发展及智慧城市的深入落地，各行业用户对显示产品的统一化管理等商用性能的要求越来越高，一些采用人性化的整合式操作界面和解决方案的产品将越来越受到各行业用户的青睐。未来，带系统解决方案的产品将是企业重点研发推广的产品（如 LG、三星、TCL、海尔等企业已重点研发酒店系统的解决方案），主要原因有两点：一是打破目前商用电视同质化的局面，提供差异化的产品及服务；二是提高产品利润。

趋势二：经济型连锁酒店继续扩张，子品牌增多，中高低端均有布局，商用电视厂商需深耕细作。

在酒店行业中，经济型连锁酒店仍然是国内品牌的重点目标，而未来经济型连锁酒店扩张子品牌的趋势明显，目前很多经济型酒店集团早已纷纷瞄准中高端市场，比如如家的“和颐”“和美”品牌，铂涛集团推出的“麗枫”“喆啡”“zmax”等品牌，锦江之星的“白玉兰”品牌，格林豪泰的“格林东方”品牌等。对于外资而言，经济型连锁酒店中的中高端子品牌可以作为重点目标。

趋势三：电视面板价格涨多跌少，中小尺寸仍会阶段性供应紧张，48 英寸、49 英寸及以上尺寸供应充足。

根据往年常态，年底面板厂会进行清理库存动作。由于 2014 年整体供不应求，第四季度并无大量面板库存可出货，这种少屏状况延续到了 2015 年年初。

2015 年屏厂延续 2014 年的供应规划，32 英寸面板的生产整体下调。其中三星计划减少 32 英寸产品的产能，转而增加 65 英寸产品的供应；LG Display 亦计划减少 32 英寸产品的产能，增加 49 英寸面板的产能。虽整机企业相应收窄了 32 英寸的需求，但由于 32 英寸产品在市场需求中所占基数较大，因此供需仍现紧张状态。三星苏州及 LG Display 广州 48 英寸和 49 英寸屏厂持续增加投片，供需关系整体平衡。

趋势四：信息显示设备的电子化趋势有效地拉动了商用电视的需求。

商用电视可以有效替代传统的信息显示手段，达到更好的显示与传播效果，进而吸引更多的企业选择购买商用电视，以满足自身的日常宣传及推广需求。同时，集团性采购，如电信企业（充话费送电视）、医药化妆品企业（用于奖励代理商）等企业的批量采购行为逐渐出现。

来源：奥维云网（AVC）　庄倩倩

5. 2014 年智能电视应用市场分析与展望

从 2014 年 7 月开始，国家新闻出版广电总局出台了一系列政策，互联网电视迎来了“史上最严格监管”，对视频应用市场产生巨大影响。视频网站 TV 端应用全部下线，全部转向与牌照商合作。此外，智能电视应用软件市场整体发展速度较快，产品数量与类型不断丰富。以百度、腾讯、阿里为首的互联网企业巨头也悉数入场，未来智能电视应用软件市场的竞争将加剧，产业格局会更加清晰。

一、智能电视应用市场概况

奥维云网（AVC）数据显示，2014 年智能电视的应用数量达到 1794 款，且主要以市场影音、游戏、教育 3 类产品为主，应用产品格局清晰。其中游戏应用数量最多，占 48.3%，将近半数应用为游戏产品；教育产品的数量增长速度快，产品数量占 18.5%，数量上仅次于游戏产品；影音应用数量占 17.6%。详见图 5-1。

受到管控影响，主要视频网站产品全部下架，市场上出现了一些非官方破解版应用；游戏产品数量虽然多，但专门为电视开发的原创游戏相对较少，存在大量手机端游戏移植或其他主机游戏模拟器版；教育类产品逐渐成为热门，其中又以幼教类产品数量居多，成为行业主要切入点。

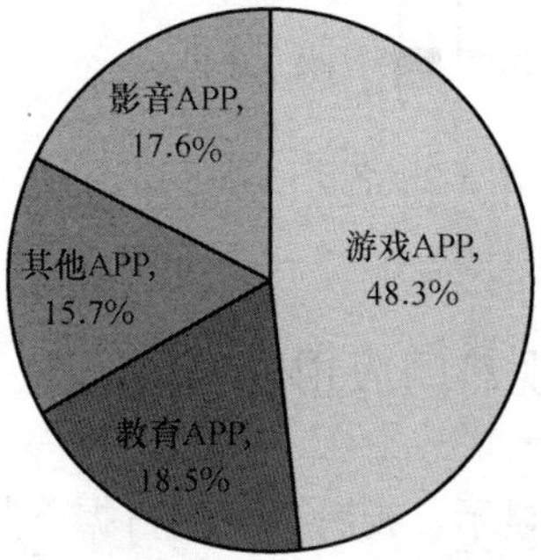

数据来源：奥维云网（AVC）

图 5-1　2014 年智能电视各类应用数量占比

从下载量来看，奥维云网经调查发现：观看音视频目前仍为智能电视用户的主要需求，相关产品下载量超六成，但未来盈利模式尚未清晰；工具类等其他应用的数量不多，但用户关注度较高，达 23.58%，下载量远超游戏与教育产品；游戏应用因真正适配 TV 端的游戏数量非常少，产品整体质量不高；教育企业正在积极布局 TV 端教育，市场与用户处于培育期，预计未来将有广阔空间。详见图 5-2。

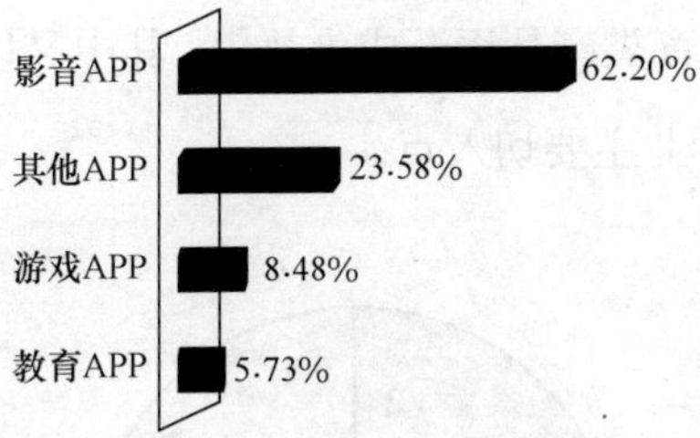

图 5-2　各类应用下载量占比

二、智能电视热门应用分析

奥维云网数据显示，视频类应用占据下载量 TOP10 榜单的八成，其中直播类产品下载量最大。另外电视 QQ 与 UC 浏览器上榜，表明用户对即时通信与浏览器的需求依然强劲。由于各大视频网站下架 TV 端应用，榜单上未能出现优酷、爱奇艺等主流视频网站的应用程序，目前各家视频网站正在积极与牌照商合作，未来预计会推出全新产品。详见图 5-3。

影音应用市场方面，直播类应用用户覆盖率高，也体现了现阶段用户使用电视的主要目的是观看视频直播。直播类产品相对传统有线电视在频道数量上优势明显，少则几十、多则几百个频道，但播放质量不能保证。另外，阿狸直播下载量优势明显也得益于奇珀网的热推，侧面表明线上渠道作用越发显著。

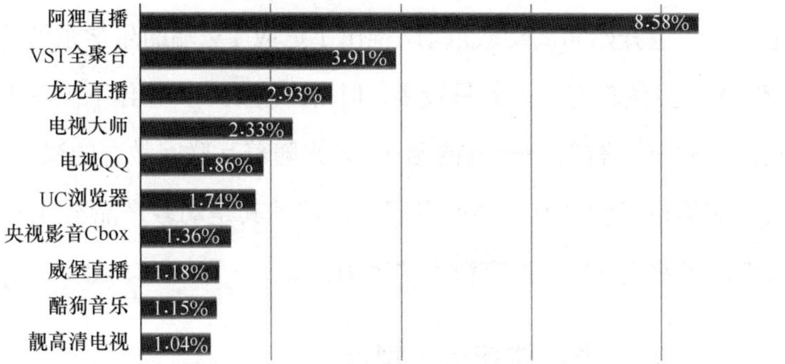

数据来源：奥维云网（AVC）

图 5-3　下载量 TOP10

游戏应用市场方面，游戏厅类产品成为智能电视游戏市场的热门产品，定位为游戏分发渠道，作为 TV 端特有的游戏产品形态，吸引了用户较高的关注度，热门产品有葡萄游戏厅、KO 电玩城等。该类产品将手游与各类主机游戏移植到 TV 端，并对手柄等外设做了专门适配，解决了多数游戏在电视上的操控问题，但游戏内容质量普遍不高，真正达到可玩性还有一段路要走。棋牌类游戏也是用户下载的热门，棋牌类产品操作简便，更适合应用在 TV 端。由于棋牌产品适合年龄范围广，在 TV 端将有良好表现，目前边锋等传统棋牌企业都已入场。

教育应用市场方面，教育类应用以幼教类为主，用户关注度相对较高。整体上来看，各个教育产品的下载量差距不大。贝瓦儿歌系列视频在各大视频网站收视率表现不俗，而针对 TV 端专门推出的贝瓦儿歌产品也得到了市场的肯定，线上 APP 分发渠道商欢网也开始布局幼教市场，推出了适应 TV 端的乐学系列教育产品。虽然教育产品数量较多，但用户基数小，整体下载量不高，市场仍需培育。奥维云网预计，未来随着互联网教育的深入，教育应用市场将会有广阔的发展空间，尤其是幼教产品与 K12 教育产品将在 TV 端拥有很大的潜力。

三、智能电视应用线上渠道

智能电视应用渠道主要分为独立应用市场、电视企业官方应用市场和专门做游戏分发的游戏厅类产品三大类。独立应用市场相对覆盖率较高，以用户自发安装为主，应用数量相对大，有奇珀市场、沙发管家、当贝市场、360 电视助手等。电视企业官方应用市场指的是自家电视产品预装，目前小米、乐视、创维、海信、TCL 等智能电视生产企业都在自家终端上推出了应用商城。游戏厅类产品专做游戏原创与分发，并且进行部分游戏的外设适配，如葡萄游戏厅、KO 电玩城、小葱游戏中心等，另外百度、腾讯都相继推出了该类产品，迅速进入 TV 游戏市场。

四、智能电视应用产业发展

2014 年 8 月，康佳联合优酷土豆发布易 TV；11 月，海尔与阿里召开新品体验会，联合推出主打购物的智能电视产品……各大智能电视厂商动作频频，正在积极寻求转型与创新，加强与互联网企业的合作，以应对小米、乐视等互联网企业纷纷进入电视市场的局面。

目前来看，视频产品市场正面临洗牌局面。在国家新闻出版广电总局的严格管控下，视频网站已将推出的 TV 端产品全部下架，转而通过与牌照商合作等方式继续将内容输出到电视屏。而除视频应用外，对于其他各类智能电视应用产品尚未有清晰政策出台，市场依然快速发展。

另外，互联网巨头相继入场智能电视应用产业。百度推出了“百度电视游戏”，腾讯推出“腾讯电视游戏”，阿里数娱放弃手游市场转投电视游戏，而京东、苏宁易购都已发布 TV 客户端，迅速布局 TV 端，欲与阿里分食 TV 端电商市场。

奥维云网分析认为，智能电视应用产品发展空间广阔，但目前尚未形成稳定格局。首先，操控、支付方式等必要环节仍需继续完善，用户群体尚待培养。另外，智能电视优质应用产品匮乏，产品大多照搬 PC 与移动端方案。因此，未来仍需要针对电视的特点与使用场景，开发更加适合电视屏幕的产品，加大产品研发力度，不断增加用户关注度与黏性。目前硬件企业正在不断探索语音、手势等全新操控方式，从平台上为软件创新奠定基础，相信未来电视产品的形态将更加丰富。

来源：奥维云网（AVC）　王鑫

6. 2014 年智慧社区发展现状及对策分析

智慧社区是指充分利用物联网、云计算、移动互联网等新一代信息技术的集成应用，为社区居民提供一个安全、舒适、便利的现代化、智慧化生活环境，从而形成基于信息化、智能化社会管理与服务的一种新的管理形态的社区。

智慧社区建设与发展已提上国策，市场将呈爆发式增长，而智慧社区的建设者争相布局，一时间兴起跨界、异业联盟的热潮。智慧社区的终极目标可以理解为万物互联，所以未来智慧社区的解决方案，也是需要企业与企业互联，整合全产业链资源，联合出品。

一、智慧社区发展现状：稳落地，试点集中北上广等发达城市

（一）2014 年智慧社区的发展尘埃落定，已作为核心要素提上国策

智慧社区概念最早于 2004 年由国外引入中国，且一直处于探索与实践阶段。随着近几年通信技术、互联网技术、物联网技术的成熟与广泛应用，智慧社区的发展已逐渐明朗

化。经过多次试点及调研，2014 年住建部发布了《智慧社区建设指南》，同年 8 月智慧社区项目被提上国策，八部委联合发文，欲促进智慧社区健康发展。国策当头，智慧社区发展势在必行。

（二）智慧社区为系统集成体，软件为王，硬件亦不可忽视

智慧社区可以理解为虚实结合体、系统集成体。在硬件同质化的状态下，奥维云网（AVC）认为未来软件在智慧社区的建设中尤为重要，也成为各企业竞相争夺的领域，有资源的均在积极做布局、搭建平台，没有资源的则在创造资源，行业内出现跨界、异业联盟的热潮。社区中常见的智能系统主要有智能家居系统、安全防范系统、物业管理系统。详见图 6-1。

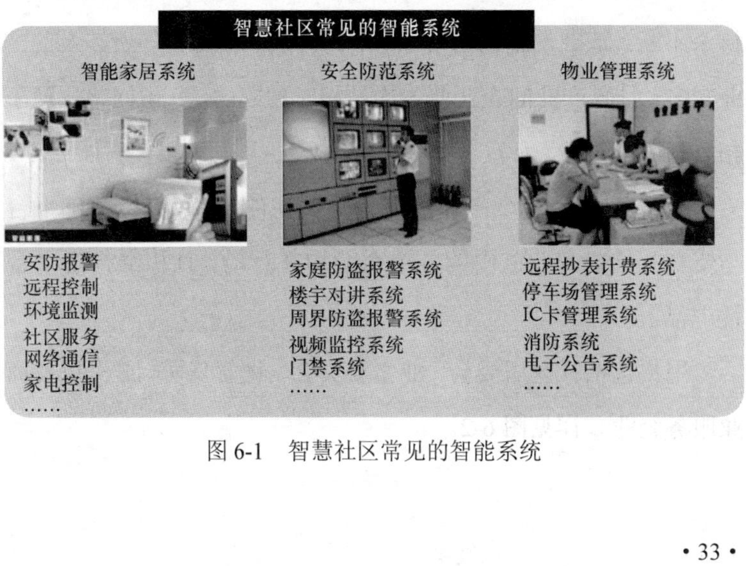

图 6-1 智慧社区常见的智能系统

（三）智慧社区试点集中在北上广等先进发达区域

据奥维云网的研究分析，我国超过 80%的城市在“十二五”期间将智慧城市作为加快经济发展转型的战略导向，其中北京、上海、广州等先进发达的城市智慧社区工作开展较早，体系较为成熟，基本上为小区住户提供了一个安全、舒适、便利的生活环境，同时形成了基于大规模信息智能处理的一种新的管理形态，方便政府职能部门的相关管理工作。

（四）智慧社区生态产业链结构：各领域企业蠢蠢欲动，群雄并起

奥维云网认为，智慧社区生态链可大致划分为 3 类，包括基础设施、支撑平台及用户。每个领域中都将呈现群雄并起的态势，拼杀不断。基础设施包括设施层、网络层和感知层，所涉及的产业较多，且各产业间企业业务均是相对独立的，其中网络层属于相对垄断的行业。

支撑平台是整个产业链中最受关注的环节，包括基础平台与支撑平台，产业链中的各个企业均在行动，且相继推出平台性产品。

用户包括社区居委会、业主委员会、物业公司、居民以及商业服务企业。详见图 6-2。

图 6-2　智慧社区生态链结构

二、智慧社区未来发展对策：落地快，商业模式是关键

（一）政府起引导作用，同时推动企业积极参与

智慧社区建设是政府进行城市建设的重要组成部分，以社区为依托形成城市管理的新平台。政府负责整体的规划建设、运行管理和经费保障方面的引导，鼓励社会组织和企业参与建设，并应及时在产品技术、功能等方面提出相关标准。尤其在支撑平台的信息服务平台，避免出现“信息孤岛”，背离融合、互通、互联的宗旨。

（二）落地快、商业模式好、有的放矢是关键

在智慧社区落地的第一年，谁落地快、商业模式好且做到有

的放矢，谁将成为智慧社区的赢家。奥维云网认为，企业需对行业进行深入调研，了解行业用户的真实需求，同时根据企业自身优势推出相应的智能解决方案。例如，中国逐渐步入老龄化社会，“421 家庭”居多（即 4 个老人 1 对夫妻 1 个孩子），养老机构的智慧运营管理将成为政府、养老机构以及个人所关注的重点，养老机构的智能化方案大有可为。

（三）智能产品应做到接地气，而非“高大上”

目前智慧社区产业已进入落地期，而非概念期，企业推出的产品应接地气，看重功能的实用价值、产品性能的稳定性。操作傻瓜式、价格亲民化，才能推动智慧社区的快速发展。

（四）智慧方案需企业联合出品，找对队友很重要

终极智慧社区体现于万物互联：物与物互联、人与物互联、人与人互联。奥维云网认为，未来终极智慧社区的解决方案，需要企业与企业互联，整合产业链资源，联合出品。

来源：奥维云网（AVC） 方影超

第二篇

2015 年回顾及展望

7. 2015 年中国彩电市场总结及 2016 年展望

一、宏观经济篇：经济运行趋缓，结构调整向优

2015 年是低迷的一年。全年经济运行的总体特征是稳中趋缓、稳中有进、稳中向优，各领域分化加剧，动力转换过程中有利因素和不利因素并存，中国经济进入新常态的攻坚期。在此背景下，2015 年中国彩电市场迎来缓慢复苏的平稳发展阶段。

（一）产业结构持续优化，结构性衰退与结构性繁荣并存

2015 年，工业内部结构调整加快，新产业、新业态、新产品增长较快，产业结构加快向中高端水平迈进，主要表现在以下 3 个方面：一是部分产能过剩行业增速大幅下滑，行业总体库存压力加大；二是高新技术产业快速发展，增长速度明显快于传统制造业；三是新兴服务业发展势头强劲，新业态、新模式延续高增长态势，其中电子商务、物流快递等行业表现尤为抢眼。

（二）房地产供给过剩，分化与去库存为主

在过去的十几年中，涌向房地产市场的资本增速平均保持在 20%～30%之间，即便是金融危机后一年也有超过 16%的增速，但自 2014 年下半年以后，中国房地产市场的投资增速急剧下滑，

截至 2015 年 11 月，同比增长跌至 1.3%。投资减缓的同时，商品房新开工面积自 2014 年以来也进入负增长状态，施工面积增速一路降至 1.8%。

但投资和建设速度的大幅减缓并未使得住房过剩的情况有所好转。截至 2015 年 11 月，中国商品房待售（空置）面积达 7 亿平方米，增速超过 16%。图 7-1 所示为商品房空置及施工面积。

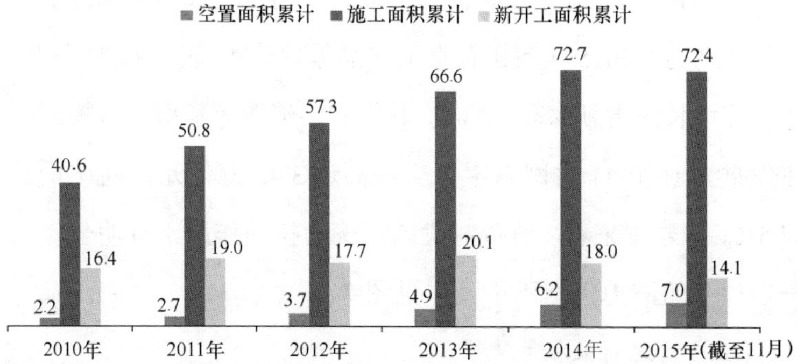

数据来源：中国经济数据库（单位：亿平方米）

图 7-1　商品房空置及施工面积

（三）制造业寒冬，模式面临创新与改革

2015 年制造业采购经理指数（PMI）处于临界点之下，并出现较为明显的分化：一方面与消费需求相关的产业表现稳定，PMI 均值高于整体制造业 3 个百分点，高技术制造业、计算机及电子通信设备制造业、医药制造业等行业同样保持景气状态，

PMI 仍处于 52%以上的高位；另一方面产能严重过剩的重工业面对去库存的下行压力，PMI 均值处于不景气状态。非制造业 PMI 均值继续高于临界点，保持平稳增长，市场信心稳定，其中零售、餐饮、物流、旅游等行业迎来上升期，维持较高景气值。图 7-2 所示为 PMI 月度变化。

（四）人口红利结束，消费理念转变新形势

人口红利作为中国经济增长的引擎，在 2012 年出现拐点，在“人口红利”开始逐渐消失的同时，消费将成为中国经济增长的新动力。2015 年我国社会消费品零售总额增长 10.7%左右，对经济增长的贡献率高达六成。其中网络消费等新型消费模式高速发展，1 至 11 月网络零售交易额达 3.45 万亿元，同比增长 34.5%。从数据来看，消费对我国经济的拉动作用十分明显，进一步提升的潜力仍然不小。详见图 7-3。

（五）彩电行业相关政策

北京市自 2015 年 11 月 27 日开始在全市范围内实施节能减排政策，鼓励消费者购买使用节能减排商品，对符合条件的消费者给予一定额度的资金补贴，该政策将持续至 2018 年 11 月 30 日。本次政策补贴涉及的家电产品共有七大品类，包括电视机、电冰箱、洗衣机、空调、热水器、吸油烟机、空气净化器。具体到每台节能家电产品可以获得的补贴金额，初步方案是分级补贴，一级能效产品补 13%、二级能效产品补 8%，但最多不超过

800 元，优惠力度较之前更大。预计此次北京的节能新政对今后整体家电市场的拉动有望突破千亿级别。

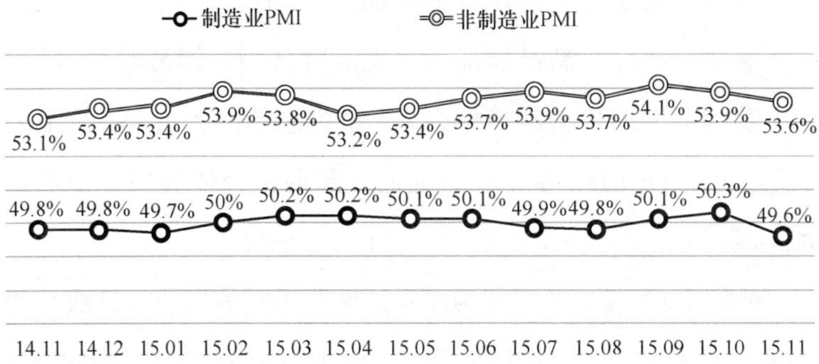

数据来源：国家统计局

图 7-2　PMI 月度变化

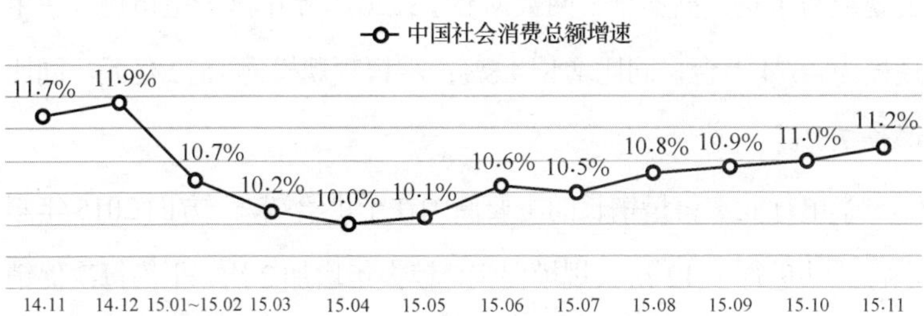

数据来源：国家统计局

图 7-3　社会消费品零售总额分月同比增速变化

二、市场总结篇：全年彩电行业销售规模逆势增长 4.8%

2015 年对于中国彩电业来说注定是不平静的一年。一方面受宏观经济和行业特点的影响，彩电市场增长乏力；另一方面因智能化演进，客厅这一入口的吸引力持续飙升，更多品牌进入抢夺市场份额。在这样的局面下，2015 年的中国彩电市场充满明争暗斗：新品牌涌入、老品牌转型、国外品牌衰退；从上游到下游的价格战烽烟未央，拼生态的战火已起；技术之争无止境，OLED、量子点、曲面、超薄、分体等尖端技术相继涌现。

整体来看，受主要新兴国家和地区货币贬值以及经济成长的影响，2015 年全球彩电出货 2.3 亿台，同比下降 2.5%。中国已然成为全球彩电生产和销售的主要地区，2015 年中国彩电零售市场表现逆势上扬，据奥维云网数据显示：2015 年中国彩电市场零售量规模为 4674 万台，同比增长 4.8%；零售额规模为 1572 亿元，同比增长 7.5%。

彩电行业零售量增长的主要原因在于供给端，一方面 2015 年彩电行业共进行了 12 次大规模促销，较去年增加 2 次，平均每次促销拉动规模增长 26 万台左右；另一方面低价是吸引消费者的利器，消费者可以以更低的价格买一台更高格调的产品。供给端的促销拉力令更新换代需求持续释放，使电视产品的更新换代年限缩短了 1.5 年。详见图 7-4。

奥维云网分析认为，2015 年中国彩电市场运行呈现以下特点。

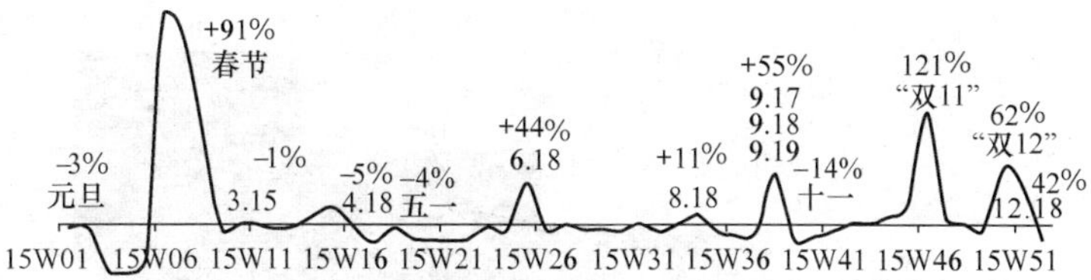

数据来源：奥维云网（AVC）彩电全渠道推总数据

注：15W01 表示 2015 年第一周，其他类推。

图 7-4　2015 年中国彩电零售市场周度销量同比变化

特点 1——电商的店商：线上/线下场景+线下资产成标配

2015 年，彩电线上市场表现优异，据奥维云网数据显示：2015 年彩电线上市场零售量 1301 万台，同比增长 65%，占整体市场的 28%；线下市场零售量 3373 万台，同比下降 8%。电商经过这几年的快速发展，市场越来越成熟，但线上的人口红利正在消失，电商亟需从线下发掘增量市场。

这其中，以京东和阿里等为代表的电商在各自的 O2O 布局中显得尤为积极和大胆。2015 年“京东帮服务店”在四至六线城市的线下店将超过 1200 家；阿里对接全国 27 个省，在全国 5870 个村设立了农村淘宝点；苏宁建立了超过 1000 家苏宁易购服务站及 600 家苏宁易购自营店；乐视完成 3800 家线下体验店的开设，销量占比 20%。详见图 7-5。

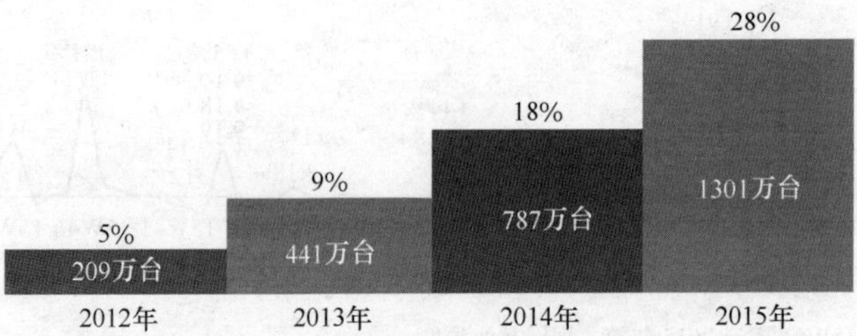

数据来源：奥维云网（AVC）彩电全渠道推总数据

图 7-5　2012—2015 年线上市场规模及占比

移动互联网的兴起改变了用户消费时的需求和行为路径，也让电商巨头们开始意识到：线上不过是消费场景之一。因此，电商以及一部分电商之外的互联网巨头表示出了对于线下资源的极度渴望。一方面电商想要占领线下形态各异的消费场景，另一方面电商对线下零售商供应链能力的要求也愈发高。未来，"线上/线下场景+线下商品+物流配送"的 O2O 生态将成为彩电业的标准商业雏形，线上和线下将共同推动对消费者消费行为（发现、购买、支付、反馈等）的服务，在这个过程中，线上和线下之间的商品体系、支付体系、营运体系、客户体系最后都将逐步打通并趋同收敛。

特点 2——农村的变化：农村产品需求与城市逐渐趋同

农村市场作为彩电市场的下一个蓝海，成为企业和渠道商竞争的焦点。据奥维云网数据显示：2015 年农村市场的销量为 1706 万台，占比达 51%；城市市场的销量为 1667 万台，占比达 49%。

2015 年品牌商和渠道商积极开拓三、四级农村市场，加之农村消费水平的不断提升，农村市场与城市市场的彩电产品逐渐趋同，农村的彩电产品同样向高端化发展。据奥维云网数据显示：2015 年农村彩电的平均尺寸达 44.2 英寸，低于城市 0.6 英寸；农村 4K 电视的渗透率为 34.3%，低于城市 2.3 个百分点；农村智能电视渗透率为 73.3%，高于城市 0.7 个百分点。农村的产品需求与城市不断趋同。详见图 7-6。

数据来源：奥维云网（AVC）彩电全渠道推总数据

图 7-6　2015 年农村与城市产品需求对比

特点 3——品牌的洗牌：有插队，有掉队

2015 年中国彩电业进入调整期，互联网品牌的低价策略使得品牌竞争日益激烈，品牌格局重新洗牌。据奥维云网数据显示：2015 年乐视通过产品创新和促销创新，零售量排名升至第 6 位；飞利浦凭借渠道开拓，零售量排名跃身第

11 位。

2015 年国内传统品牌的市场零售份额为 77%，较去年下降 3.8 个百分点；互联网品牌的市场零售份额为 10%，较去年上升 5.1 个百分点；韩系品牌市场零售份额为 6%，较去年下降 0.5 个百分点；日系品牌零售份额为 7%，较去年下降 0.8 个百分点。2015 年互联网品牌市场份额快速提升，韩系产品保持外资电视品牌中的优势地位，而日系品牌份额逐年下滑。详见图 7-7。

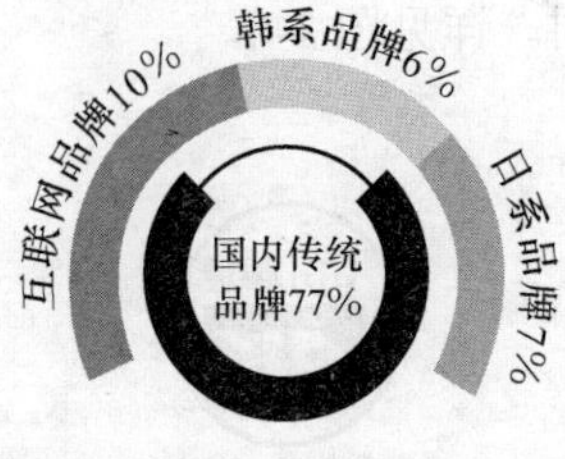

数据来源：奥维云网（AVC）彩电全渠道推总数据

图 7-7　2015 年品牌阵营销量占比及变化

特点 4——价格的回升：大尺寸化改变市价

据奥维云网数据显示：一方面 2015 年中国彩电市场的零售均价为 3363 元，同比增长 2.6%；另一方面 2015 年中国彩电市场重点尺寸的价格均下降，其中 55 英寸、60 英寸和 65 英寸的下降幅度较大，分别为 15%、12%和 20%。造成这一现象的主要原因在于彩电产品的大尺寸化，尺寸结构的升级拉动市场均价回升，2015 年中国彩电的平均尺寸已达 44.5 英寸，较去年同期增长 2.3 英寸。详见图 7-8。

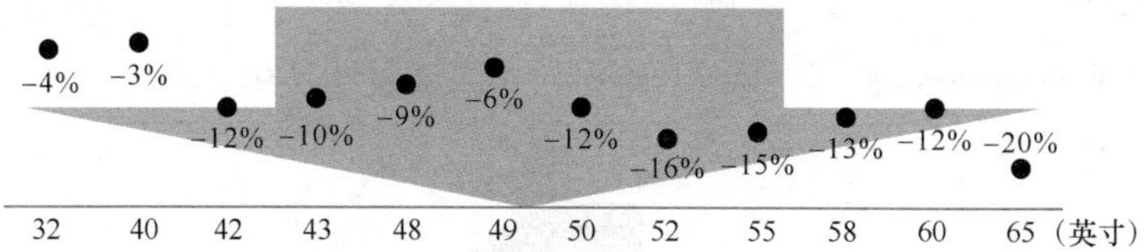

数据来源：奥维云网（AVC）彩电全渠道推总数据

图 7-8 2015 年重点尺寸均价变化

特点 5——智能的成长：智能化更丰富，客厅经济将成熟

智能化已经成为电视的潮流趋势，同时电视智能化的方式也越来越丰富，其中智能电视、OTT 盒子和智能微投是实现电视智能化的 3 个主要方式。据奥维云网数据显示：截至 2015 年智能电视累计保有量达 10500 万台，当年激活率达 83%，当年渗透率为 73%；OTT 盒子累计保有量达 6010 万台；智能微投累计保有量达 90 万台。2015 年智能化电视的终端日活跃用户达 4100 万。

以智能化为中心，电视内容不断丰富和完善，电视生态逐渐成熟，客厅经济价值开始显现。据奥维云网大数据显示，2015 年客厅经济的价值将达 89 亿元，其中首先表现为视频生态的成熟，2015 年电视视频生态的盈利将达 57 亿元，较 2014 年增长 1.4 倍，预计未来两三年视频生态的盈利将维持翻倍增长。同时，游戏、电商作为电视智能化的新内容进入用户视野，其生态盈利模式也逐步走向成熟，2015 年电视游戏生态的盈利将达 17 亿元，电商生态初露端倪，盈利将达 2 亿元。未来电视生态的发展主要盈利点将是视频、游戏、电商和教育。详见图 7-9。

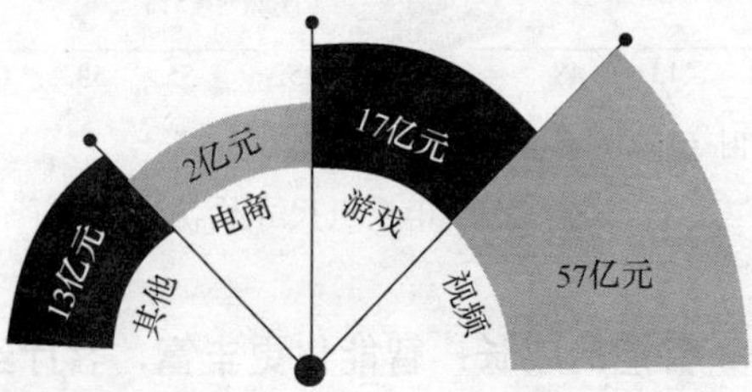

数据来源：奥维云网（AVC）大数据

图 7-9　2015 年客厅经济价值分配

特点 6——产品的高端 1：55 英寸成大屏分界线，65 英寸成下一站

从尺寸上来看，2015 年彩电市场的明星尺寸为 55 英寸、43 英寸和 49 英寸。其中 55 英寸市场份额为 15.5%，较去年增长 6.8 个百分点，成为 2015 年彩电市场增幅最大的尺寸，同时也成为电视大屏的分界线；55 英寸以上电视的市场份额为 21.5%，较去年增长 8.2 个百分点；43 英寸加速替代 42 英寸，市场份额为 7%，较去年增长 6.8 个百分点；42 英寸市场份额为 10.0%，较去年下降 4.4 个百分点；49 英寸开始发力，市场份额为 6.7%，较去年增长 3.4 个百分点。详见图 7-10。

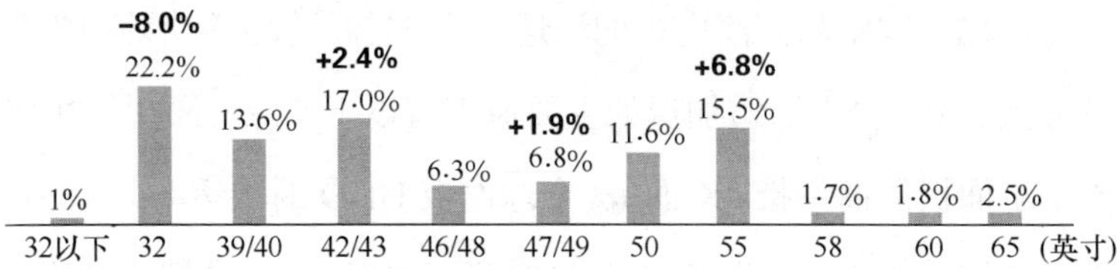

数据来源：奥维云网（AVC）彩电全渠道推总数据

图 7-10　2015 年重点尺寸结构及变化

2016 年 65 英寸的产能将释放，预计全球面板出货将增长 53%；49 英寸和 55 英寸作为切割效率更优的尺寸将成为面板厂的首选。奥维云网预计：2016 年 65 英寸电视的零售量将快速增长，市场份额将达 4.4%，较 2015 年增长 2.4 个百分点；49 英寸电视和 55 英寸电视的零售量维持增长态势，市场份额将分别达 8.8%和 18.4%，较 2015 年分别增长 2.0 个百分点和 2.9 个百分点。2016 年大尺寸化趋势更加明显。详见图 7-11。

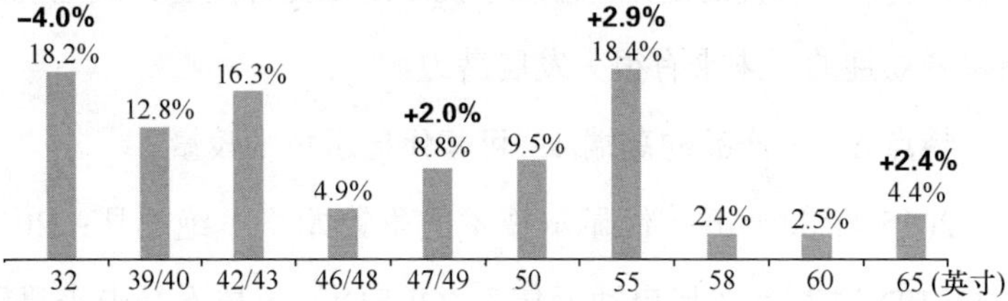

数据来源：奥维云网（AVC）彩电预测数据

图 7-11　2016 年重点尺寸结构及变化

特点 6——产品的高端 2：UHD 渗透彰显厂商能力

2015 年 4K 超高清电视的渗透率为 31%，较去年增长 17 个百分点。4K 电视渗透加深的主要原因有以下 3 点：一是 2015 年上游面板厂商主推 4K 面板，全球面板 UHD 的渗透率为 16%，较去年增长 8.5 个百分点；二是整机厂商加速产品高端化升级，4K 电视成为主销产品，2015 年中国 UHD 机型新品上市 504 个，较去年增加 203 个；三是面板厂和整机厂的共同作用，4K 面板和整机的价格不断下降。

特点 6——产品的高端 3：曲面超轻薄风云竞争

从两大工业设计来看，曲面电视和超轻薄电视凭借独特的造型，博取消费者眼球。据奥维云网线下监测数据显示：2015 年曲面产品上市机型达到 97 个，占该年上市机型的 1.9%，市场渗透率为 2.9%；超轻薄电视上市机型达到 34 个，占上市机型的 0.7%，市场渗透率为 1.1%。曲面电视虽在销量上领先于超轻薄电视，但不容忽视的是，超轻薄电视还是很受钟爱壁挂式电视的消费者欢迎的，未来有很大发展潜力。

特点 6——产品的高端 4：可替代显示技术较量

2015 年关于下一代显示技术的争论始终不绝于耳：2015 年 OLED 进入“产品启动元年”，OLED 显示技术是未来显示发展的动力，产品从 2K 扩展到 4K、平面延伸至曲面，品牌从 LG 扩展到创维、康佳等企业。2015 年 OLED 电视零售量为 4.3 万台，占比 0.1%。激光显示作为中国的自主产权，为中国彩电企业提供了“换道超车”的机会。2015 年激光电视零售量为 1870 台，占比 0.003%。

整体来说，2015 年彩电行业正在经历融合与分化双向加速的过程。融合体现在：一是传统品牌和互联网品牌融合，二是线上和线下融合，三是产品和内容融合。分化体现在：一是商业模式向多元性分化，二是渠道向多平台分化，三是产品向差异性分化。

三、展望趋势篇：规模企稳，开启彩电众屏时代

彩电企业要准备好过苦日子，2016 年可能是最艰难的一年。2016 年世界经济仍将呈现复苏乏力态势：发达经济体总需求不足和长期增长率不高现象并存，新兴经济体总体增长率下滑趋势难以得到有效遏制，预计全球 GDP 将维持在 3%左右的增速。2016 年欧洲将面临政治动荡和难民危机，经济基本面并不乐观，全球经济复苏的主要动力将来源于美国和远东地区。中国作为远东地区最大的经济体，2016 年其经济发展同样面临众多的不确定因素：一是世界经济面临总体性的持续低迷；二是库存和分化使房地产周期调整延长，预计去库存周期将达 10 个月；三是缺乏与改革和调整相容的动力机制，改革动力源单一、控制力弱、阻力多样。2016 年中国经济将“二次探底”。

面对相对乏力的经济环境，彩电市场仍有机会。2015 年中国进入家庭互联网时代，电视的大屏魅力把用户和厂商重新拉回客厅，据奥维云网用户舆情数据显示：2015 年 12 月电视用户每天的平均观看时长为 5 小时，较 2014 年 12 月增加 1.5 小时；电视的开机率达 62%，较 2014 年 12 月增长 11 个百分点。2015 年电视硬件的投入使得新增 9 个品牌；电视企业在 TOP3 卫视的广告投入同比增长 50%以上；电视内容孕育万亿级市场，《花千骨》知识产权（IP）价值超 20 亿元。2016 年电视的价值将继续发酵，客厅经济成为彩电行业趋之若鹜的存在。

机遇与挑战并存，2016 年彩电市场前景并不明朗，据奥维云网预测数据显示：2016 年中国彩电市场零售量规模将达 4739 万台，同比微增 1.4%；零售额规模将达 1611 亿元，同比增长 2.5%。从需求结构来看，2016 年新增需求量为 455 万台，占比 10%；原有家庭的二次购买需求量为 704 万台，占比 15%；更新换代量为 3584 万台，占比 75%。从渠道结构来看，2016 年线上市场零售量为 1516 万台，占比 32%；线下市场零售量为 3223 万台，占比 68%。从城乡结构来看，2016 年农村市场零售量为 2464 万台，占比 52%；城市市场零售量为 2275 万台，占比 48%。

奥维云网分析认为，2016 年中国彩电行业将经历一场全产业链的变革，整个变革最动人的部分在于：参与者众多，话语权分散。彩电行业将进入一个全新的时代——众屏时代，该时代下中国彩电市场将呈现以下特征。

特征 1——众之品牌主体：全能型厂商的胜利

2014 年中国彩电市场有 5 个互联网品牌，2015 年中国彩电市场新进的互联网品牌包括：大麦、17TV、CAN、PPTV、微鲸、风行、梦品牌、暴风、荣为；2016 年将进入的品牌包括：CNC、优酷、芒果 TV、腾讯。2016 年彩电市场互联网品牌的数量将达到 18 个，互联网品牌的销量将突破千万台。

众多的品牌和规则改变了现有的彩电行业版图，彩电品牌的边界逐渐模糊化，传统品牌的领地被入侵，越来越多非传统意义的品牌进入行业。面对彩电红海激烈的竞争，传统品牌与互联网品牌不再是相互独立与竞争的关系，品牌领域进化为你中有我、我中有你的大融合。这种融合主要表现在以下 3 点：一是互联网企业与代工制造商的合作，互联网企业将自己拥有的内容优势与制造商的硬件制造能力结合，通过这种合作方式，互联网企业获得了电视领域的入口，同时为电视用户提供更加丰富的内容，开启了电视的智能时代；二是传统制造商与内容商的合作，通过这种合作方式，传统制造商实现了电视智能化，内容商获得了以电视为载体的客厅入口；三是传统厂商、互联网企业与内容商的深度合作，通过成立子公司或子品牌的方式，三者成为一体共同发展。

在此形势下，奥维云网分析认为，未来将是全能型厂商的胜利。所谓全能型厂商应该具备以下两种能力：一是硬件运营力，二是生态构建力。硬件运营力的前期是厂商拥有稳健的供应链提供原材料，从而打造适合市场需求的有品质的产品；硬件运营力的后期是对产品销售渠道的维护和产品售后服务的完善，从而积累用户。厂商的生态构建力的基础是厂商对电视应用软件及内容的开发，软件与内容应用的丰富性和新颖性是吸引用户的主要筹码；厂商生态构建力的核心是对用户运营的能力，运用大数据分析用户的行为并为其提供个性化的服务是电视生态价值转化的主要方式；最后厂商生态构建力的支持是厂商营销创新能力。

特征 2——众之用户需求：用户画像成新风尚

据奥维云网消费者调研数据显示，中国城市中产阶级家庭数量占城市家庭总数在 2012 年为 68%，2015 年达到 72%，到 2018 年将达到 74%。中产阶级的兴起是未来中国发展的最重要事件之一，整个社会的政治和经济格局都将发生巨大的变化。中产阶级对中国经济带来的影响，首先体现在消费升级方面，富裕起来的消费者一方面有强大的购买力，另一方面他们对产品的要求越来越苛刻。

针对彩电市场，用户的需求向多元化发展，消费者对电视产品的需求，从观看上升到切换快、够清晰、立体声、可升级诸如此类的高级需求，并延伸出对产品意象的心理满足，包括个性化、高端等。消费者更加注重风格差异和精神享受，这其实是一种追求象征价值的“符号消费”；同时也越来越重视对话功能，即通过产品的交互设计，实现与产品情感上的沟通与交流。

用户行为将从“被动接受”向“主动参与”转变，分享需求与社交需求得到释放。据奥维云网专项研究数据显示，视频互动存在长尾效应，用户电视视频互动活动中，有 5 项互动方式获得 10%以上的青睐。其中收藏是使用欲望最高的功能，占到 33.6%；其次是订阅，占到 22.1%，这两个方式均能提升视频体验的方便性。弹幕作为 2015 年兴起的互动方式，占到 17.0%，如此高的比例，体现了消费者实时表达自我的强烈欲望。引入弹幕之后，电视内容也增添了新的表达维度，电视的线性叙事方式被打破。查看广告和购物分别占到 4.4%和 3.9%，这一趋势反映了在当下，内容消费和决策购买这两大场景还存在不少问题，试图把边看边买两个场景重叠在一起，无形中增加了用户的使用成本，破坏了内容体验。还有 30.4%的人选择了其他，这说明在典型互动方式之外，用户还有更多小众喜好。详见图 7-12。

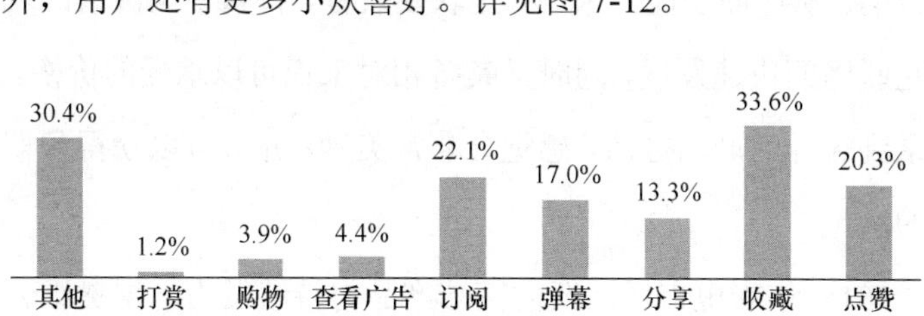

数据来源：奥维云网（AVC）专项数据

图 7-12　电视视频互动尝试性调研数据

因此，对于用户画像的研究将成风尚。何谓用户画像？其实，就是为用户打标签，通过海量收视数据的收集与分析，判断其家庭的潜在购买倾向、收视偏好、消费行为与能力、家庭成员组成等，最终梳理出不同属性的用户人群。用户信息的采集和大数据积累，最终会实现从量变到质变的过程，将会反哺电视的研发、内容的生产，进而实现优化个性化和精准化推荐。

特征 3——众之表现形式：精品化是大势所趋

用户需求多样化，随之而来的是电视产品的多元化。智能作为核心使用价值，构成电视的基础产品，对应用户的基础需求；与电视产品相关的一整套高级属性将电视升级为期望的产品，符合用户的高级需求；新技术和新概念电视产品拥有超出本身的附加价值，可满足用户的心理需求。未来精品化产品将成为大势所趋，首先是未来的产品一定是企业整合自身优势资源，包括人力、物力、财力，集中打造而成的，这样的产品一定是精美、精湛和极致的。从产品功能上来说，是软硬兼备，符合中国国情的现状和互联网的快速发展，同时又具备相对来说可以承受的价格。用户拿到这样的产品之后，感觉会非常美妙，并且可以获得预期之外的满足。

2015 年彩电市场活跃的高端产品将持续发力，据奥维云网预测数据显示：2016 年智能电视的零售量将达 3960 万台，占比 84%；UHD 电视的零售量将达 2046 万台，占比 43%；55 英寸以上电视的零售量将达 1374 万台，占比 29%；曲面电视的零售量将达 300 万台，占比 6%；超轻薄电视的零售量将达 380 万台，占比 8%；高色域电视的零售量将达 720 万台，占比 15%；OLED 电视的零售量将达 20 万台，占比 0.4%；激光电视的零售量将达 1 万台，占比 0.02%。

2016 年彩电行业将迎来更多新的产品形态，据奥维云网预测数据显示：2016 年 HDR 电视的零售量将达 250 万台，占比 5%；无边框电视的零售量将达 5 万台，占比 0.1%；分体电视的零售量将达 20 万台，占比 0.4%；防蓝光电视的零售量将达 15 万台，占比 0.3%；8K 电视的零售量将达 1.5 万台，占比 0.03%；21∶9 电视的零售量将达 5000 台，占比 0.01%。详见图 7-13。

数据来源：奥维云网（AVC）彩电预测数据

图 7-13　2016 年高端产品市场规模预测

2016 年彩电的众屏事实上是去中心化在行业的延伸。去中心化还体现在产业的其他很多方面，工业时代的供应链是工厂驱动，众屏时代是消费者端驱动；工业时代的产品研发是以企业为中心，众屏时代是以用户为导向、以需求为核心进行个性定制；工业时代的硬件制造是集中生产，众屏时代是数据化云端柔性制造；工业时代的订单是集中订单，众屏时代的订单是少批量多批次模式；工业时代的信息是单向传递，众屏时代的信息是全程可视；工业时代的组织是跨机构多部门协同，众屏时代是扁平化组织。

2016年彩电企业要过苦日子，不仅是因为外围环境的恶劣，还有产业自身需要的操盘手法比以往都要复杂：对手很多，难预测对方将出什么招，而且攻击可能是降维的；用户需求很多，要判断细分人群，推出与小众、窄众人群相匹配的产品；产品方向很多，趋势很难预见，很难跟随和对标。在未来，去中心化的效应会更加明显，且往往伴随着碎片化。但是去中心化并不是不要中心，而是由周围的节点来自由选择中心。这就需要我们企业学会适应开放式、扁平式、平等性的现象和结构；要发现规律，实现标准化和个性化的兼容；要追求前端多元化，后台模块化；要善用大数据、智能化力排碎片，决胜众屏时代。

来源：奥维云网（AVC）　刘飞

8. 2015 年电视面板市场总结及 2016 年展望

一、市场总结篇：电视面板出货再创新高，大陆面板厂表现抢眼

（一）2015 年全球电视面板出货量再创新高

据奥维云网（AVC）显示产业链数据统计，2015 年全球电视面板出货达到 26900 万片，同比增长 8%。在整体面板行业不振的情况下，中国大陆面板厂的产能扩张是促使出货在低迷经济环境下继续攀升的主要原因。详见图 8-1。

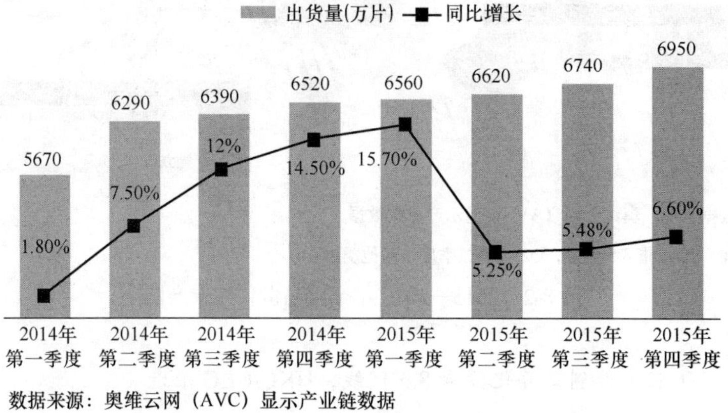

数据来源：奥维云网（AVC）显示产业链数据

图 8-1　2014—2015 年全球电视面板出货情况

（二）高世代线规划紧锣密鼓

2015 年全球启动量产的 3 座高世代线均位于中国大陆地区，分属 BOE、CSOT 和 CEC，陆续于 2015 上半年开始量产。加上之前已经量产的 5 座 8.5 代线，中国大陆地区已经拥有 8 座 8.5 代线，增长惊人。

另外，2015 年全球面板厂商新增规划的高世代线共计 6 座，其中 5 座落户中国大陆地区，已陆续开始动工。增加的产能将在未来两三年集中爆发。详见图 8-2。

数据来源：奥维云网（AVC）显示产业链数据

注：G8.5 指 8.5 代线，Q2 指第二季度，其他类推。

图 8-2　2015—2018 年全国高世代线量产图

（三）群创差异化投资 8.6 代线，HKC/CEC 跟进

面对中国大陆面板厂在 8.5 代线的大刀阔斧，群创布局 8.6 代

线，试图通过差异化竞争谋求生存，该产线计划 2016 年第三季度量产，产能规划为 4 万片/月，未来可扩充至 5 万片/月，中国大陆厂商 CEC 和 HKC 也跟进投资 8.6 代线，与 BOE 以及 CSOT 避开正面交锋。8.6 代线可经济切割 45 英寸、50 英寸和 58 英寸，可在尺寸上对标 8.5 代线切割的 43 英寸、48 英寸、49 英寸以及 55 英寸。详见表 8-1。

表 8-1　　　　　　　群创 8.6 代线产品规划

尺寸	比例	切割数	切割效率	8.5 代线经济切割尺寸
45 英寸+23.6 英寸	16∶9	8+8	97.3%	43 英寸
50 英寸	16∶9	8	94.2%	48 英寸/49 英寸
58 英寸	16∶9	6	95.1%	55 英寸

数据来源：奥维云网（AVC）显示产业链数据

由于面板整体供应过剩，资源的稳定性是整机厂比较关注的因素，8.6 代线能否成功，需要看其供应能否抱团形成气候，以及在价格上能否比 8.5 代线更有竞争优势。

（四）中国大陆面板厂异军突起

纵观 2015 年面板厂商表现，据奥维云网显示产业链数据统计：LGD 出货较 2014 年稍有上涨；群创基本和 2014 年持平；三星表现不佳，出货量同比下降 7.3%；友达出货量同比下降 5.6%。

中国大陆面板厂商 BOE 出货量同比爆增 96.7%，主要得益于其合肥和重庆新产线产能的大幅提升。CSOT 受到其彩膜工厂事故的影响，产能下降，全年出货量不及预期，和 2014 年持平，但后劲十足。2014—2015 年全球面板厂出货量对比见图 8-3。

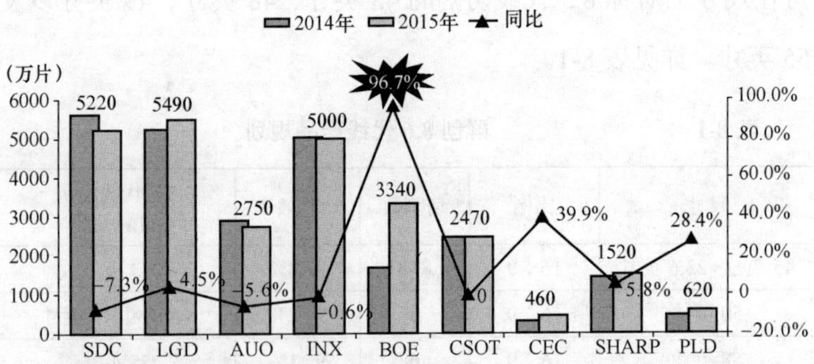

数据来源：奥维云网（AVC）显示产业链数据

图 8-3　2014—2015 年全球面板厂出货量对比

（五）面板价格一跌再跌

据奥维云网显示产业链数据统计，2015 年电视面板供需比攀升到 8.9%，供大于求的现象进一步加剧，尤以 32 英寸形势最为严峻。32 英寸 HD 的价格从 2015 年年初的 96 美元下跌到 12 月的 55 美元，全年降幅为 42.7%，价格早已低于成本，进一步压价的空间非常有限。价格压力在大尺寸及 UHD 面板方面同样有所体现，49 英寸 FHD 和 55 英寸 FHD 全年的价格下跌达 30%以上；43 英寸市场需求较为强劲，跌幅相对较小，为 27.9%，未破 30%。49 英寸 UHD 和 55 英寸 UHD 降价幅度超过 34%，并有进一步下降的趋势。2015 年第一季度到第四季度面板重点尺寸价格对比见图 8-4。

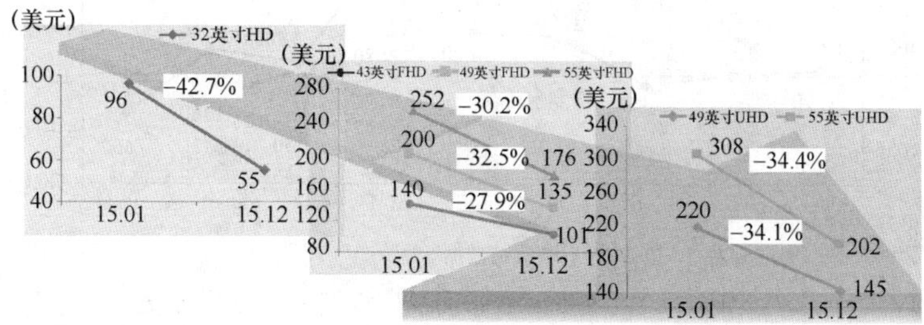

数据来源：奥维云网（AVC）显示产业链数据

图 8-4　2015 年第一季度到第四季度面板重点尺寸价格对比

二、展望趋势篇：供需关系进一步变化，大尺寸化、差异化成为出路

（一）全球面板出货情况预测

1．2016 年全球电视面板出货量预计增长 4.9%

据奥维云网显示产业链数据统计，2016 年全球面板厂电视面板规划出货量达 28100 万片，同比增长 4.9%。

三星电视面板产能规划积极，企图打破 2015 年的颓势，欲增长 7.7%。LGD、友达和群创相对保守，物量规划基本与 2015 年持平。BOE 和 CSOT 产能继续释放，规划物量分别有 8.3% 和 24.8%的增长。图 8-5 显示了 2015—2016 年面板厂规划出货量对比。

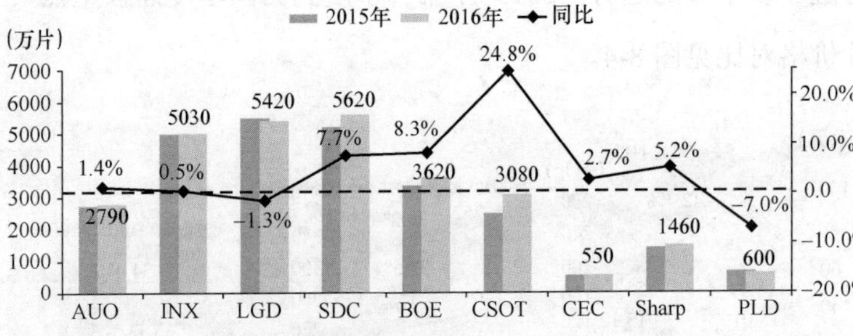

数据来源：奥维云网（AVC）显示产业链数据

图 8-5　2015—2016 年面板厂规划出货量对比

2．2016 年全球电视面板出货面积预计增长 16.6%

2016 年电视面板出货面积将达 160 平方千米，同比增长 16.6%，大尺寸化凸显。中国大陆面板厂增加大尺寸的规划，缩减已无利润可赚的小尺寸电视面板，并借此消耗新增产能。BOE 和 CSOT 出货面积预计同比增长 30%以上。CEC 大幅缩减 32 英寸规划，在 39 英寸和 55 英寸发力，出货面积同比增加 67.5%。图 8-6 显示了 2015—2016 年面板厂规划出货面积对比情况。

（二）中国大陆面板厂引领产能增加

面对中国大陆面板厂商的急速扩张，韩国和中国台湾地区也陆续扩充产能对抗，预计 2016 年高世代线产能将增加 32.5 万片/月，产能再次大爆发。相比较市场需求的有限增长，如此巨大的产能释放势必会进一步恶化供需关系，是对面板厂的一场重大考验，尤其对于经营压力较大的中国台湾地区面板厂。

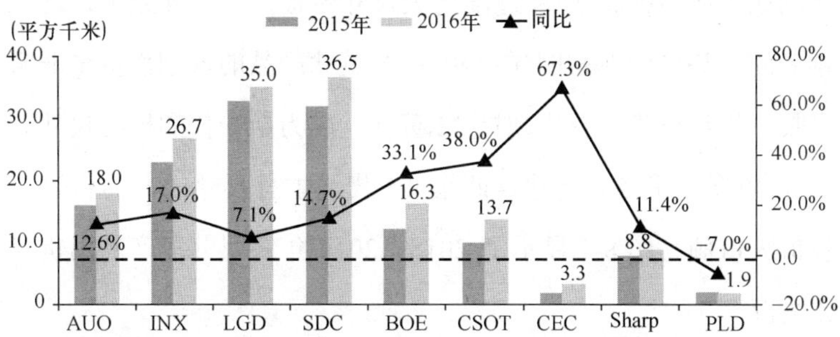

数据来源：奥维云网（AVC）显示产业链数据

图 8-6　2015—2016 年面板厂出货面积对比

（三）价格拐点何时出现

据奥维云网显示产业链数据统计，根据 2015 年年底面板价格继续走低且暂无回暖迹象的状况，2016 年年初面板价格会持续向低。中国台湾地区和韩国面板厂第一季度已有减产计划来减少亏损，届时价格下跌有望趋缓。

由于 32 英寸产品的降价最为严重，早已跌破成本价，因此会率先触底，趋于平稳或择机回暖。43 英寸、49 英寸和 55 英寸产品的价格下行压力依然较大。

（四）彩电面板趋势分析

1．大尺寸化加速

面对严峻的供需压力，各大面板厂商加紧大尺寸化的进度，以消耗过剩的产能。根据奥维云网显示产业链数据统计：从各大面板厂的 2016 年规划出货量来看，32 英寸产品的全球出货量预计同比下降 10%，产能逐渐向大尺寸转移，且尺寸越大，增长越多的趋势已经非常明显；40～43 英寸产品的规划出货量非常亮眼，规划出货量首次超过 32 英寸，成为新一代的核心尺寸。另外 49 英寸和 55 英寸这两个 8.5 代线主打尺寸的产品将进一步扩大份额。图 8-7 显示了 2015—2016 年各尺寸段产品出货对比情况。

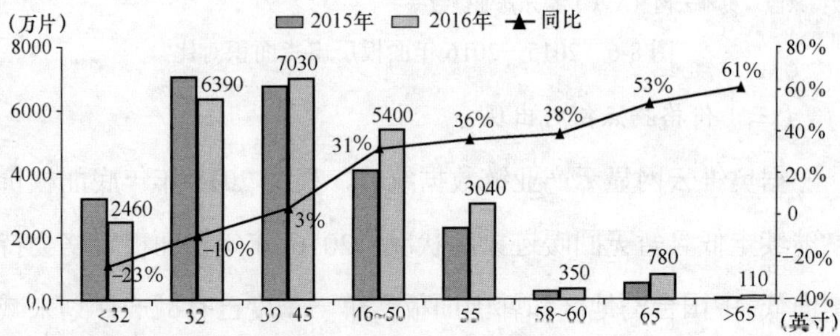

数据来源：奥维云网（AVC）显示产业链数据

图 8-7　2015—2016 年各尺寸段产品出货对比

2．细分市场崛起——RGBW

RGBW 技术在 UHD 产品中持续渗透，据奥维云网显示产业链数据预测，2016 年全球 RGBW 电视面板出货量将达到 1000 万片。全球及中国 RGBW 电视面板和整机出货量详见图 8-8。继在中国获得 4K 认证后，LG 将继续在全球范围内争取 4K 认证通过。

中国大陆面板厂BOE和CSOT都在2016年加大了RGBW产品的比例。

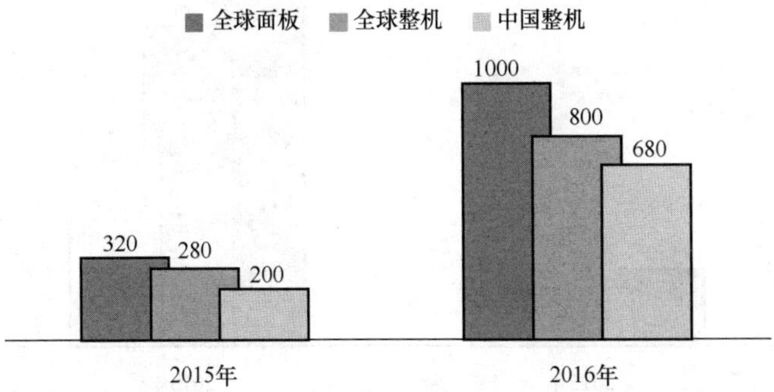

数据来源：奥维云网（AVC）显示产业链数据（单位：万片）

图8-8　全球及中国RGBW电视面板和整机出货量

3．细分市场崛起——超轻薄电视

LG和群创在2015年主推≤9毫米的超轻薄电视面板，全球实现出货量150万片。消费者对超轻薄的概念偏好经过市场培育得到提升，预计2016年超轻薄面板出货将爆发式增长到680万片。图8-9显示了全球及中国超轻薄LCD电视面板和整机出货量情况。

4．细分市场崛起——曲面电视

2015年曲面电视发展迅速，尤其在中国市场低价曲面电视的上市，提升了曲面在市场的接受度。目前曲面电视的主要面板供应商为三星，其布局激进，从40～105英寸，尺寸覆盖广泛。

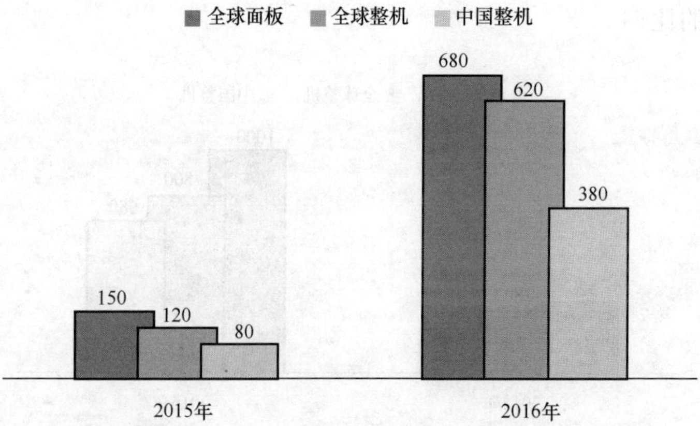

数据来源：奥维云网（AVC）显示产业链数据（单位：万片）

图 8-9　全球及中国超轻薄 LCD 电视面板和整机出货量

LG 和 AUO 亦有曲面产品上市，主流尺寸为 55 英寸和 65 英寸。据奥维云网显示产业链数据统计，2015 年全球曲面面板出货量将达 510 万片，预计 2016 年将增长到 1400 万片。图 8-10 显示了 2015 年全球曲面面板规划情况。

5．细分市场崛起——OLED

OLED 电视受到技术的限制，2015 年稳步渗透。目前 OLED 电视的面板供应商主要为 LG，三星亦计划在 2016 年重启电视 OLED 面板开发，预计 2016 年 OLED 电视出货量同比将增长 225%，未来两三年或会爆发式增长。图 8-11 显示了 2015—2018 年全球及中国 OLED 电视出货量。

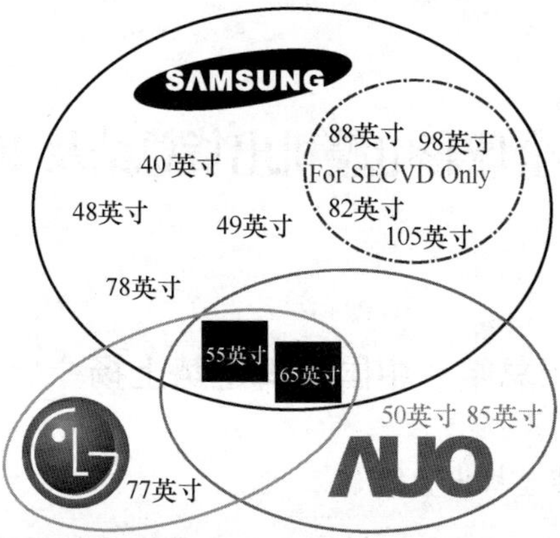

数据来源：奥维云网（AVC）显示产业链数据

图 8-10 2015 年全球曲面面板规划

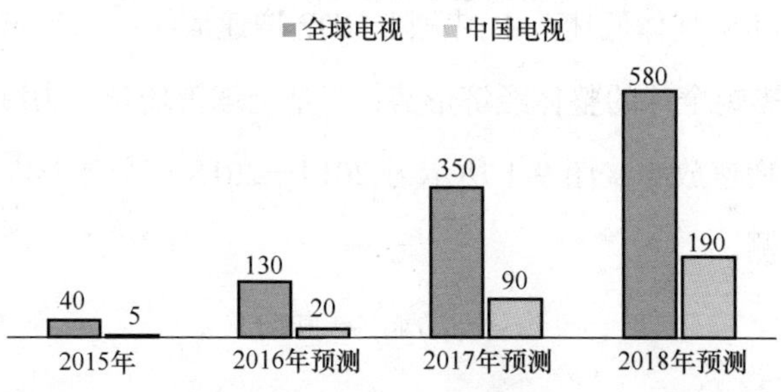

数据来源：奥维云网（AVC）显示产业链数据（单位：万台）

图 8-11 2015—2018 年全球及中国 OLED 电视出货量

来源：奥维云网（AVC） 卞铮

9. 2015 年全球彩电整机出货总结及 2016 年展望

一、市场总结：中国品牌逆势上扬

（一）全球整机出货微降

据奥维云网（AVC）显示产业链数据统计，2015 年全球整机出货 22600 万台，同比下降 2.54%，主要有 3 点原因：一是全球经济环境整体低迷，中国大陆 GDP 增速放缓；二是东欧货币贬值，影响全球的整体经济形势；三是全球市场拉动力减弱，新兴市场增速放缓。图 9-1 所示为 2014—2015 年全球彩电出货及同比预测。

数据来源：奥维云网（AVC）显示产业链数据（单位：万台）

图 9-1 2014—2015 年全球彩电出货及同比预测

（二）日系品牌继续大幅萎缩，韩系表现低于预期

2015 年全年 TOP15 品牌整机出货量 19100 万台，与全球出货形势相符，同比下降 2.8%，日系品牌出货量同比下跌 22.6%，严重衰退，品牌份额将逐渐被韩系和中国大陆品牌吞噬。受制于全球经济下滑影响，韩系品牌三星、LG 整体表现不佳，与年初预期差距较大。中国品牌逆势上扬，同比增长近 25%。图 9-2 所示为 2015 年全球 TOP15 品牌电视出货情况。

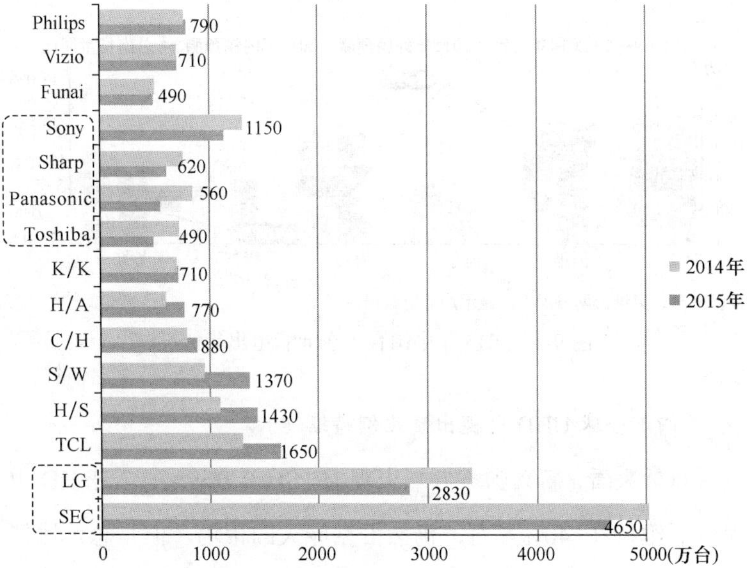

数据来源：奥维云网（AVC）显示产业链数据

图 9-2　2015 年全球 TOP15 品牌电视出货情况

（三）2015 年国内厂商整机出货

在全球经济形势下行的情况下，国内品牌厂基本守住销量，TCL 和创维有 15%以上增长，海尔转型成功，出货量增长 42.8%，海信、长虹基本维持，有小幅下降。康佳由于 2015 年高层变动频繁，业绩出现大幅下滑。总体来看，中国品牌在世界彩电形势并不理想的情况下，逆势上扬，表现突出。图 9-3 所示为 2015 年中国骨干企业彩电出货情况。

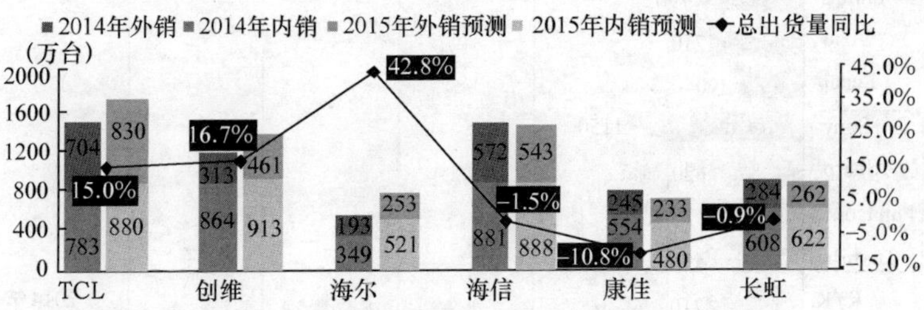

数据来源：奥维云网（AVC）显示产业链数据

图 9-3　2015 年中国骨干企业彩电出货情况

（四）全球 UHD 电视出货比例持续增长

总体来看，新兴国家低端电视需求仍较为旺盛，全球 HD 电视份额维持在 40%左右，仍然占据庞大的市场，但是总体比例正在逐步降低，UHD 渗透涨幅加快，2015 年第四季度，UHD 占比 17%，同比增长 10%，涨幅巨大。图 9-4 所示为 2014—2015 年全球电视按分辨率的出货比例。

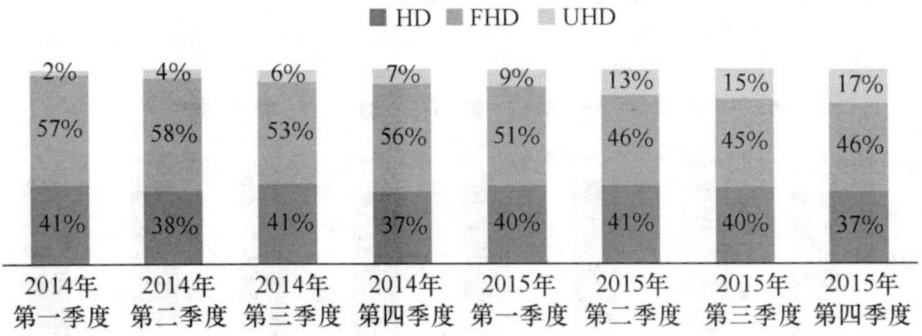

数据来源：奥维云网（AVC）显示产业链数据

图 9-4　2014—2015 年全球电视按分辨率的出货比例

（五）32 英寸产品的份额降低，大尺寸持续上升

小尺寸的占比逐步降低，全球大尺寸进程脚步加快，32 英寸产品的出货持续走低，2015 年第四季度份额首度降低到 30% 以下。32 英寸以下尺寸的产品受到墨西哥标案影响，下行压力下出货保持稳定。大尺寸方面，2015 年由于受到面板价格整体下滑、大尺寸化加速等因素影响，整机价格也不断下探，48 英寸以上产品的占比持续增长。图 9-5 所示为 2014—2015 年全球电视按尺寸的出货比例。

（六）差异化产品崭露头角

曲面、OLED 初步得到市场认可，同比涨幅巨大，预计 2016 年更是大有作为。LG 的 RGBW 今年得到国内 4K 认证，LG 继续加速布局。BOE 和 CSOT 也加大出货。超轻薄电视问世，轻薄特性更能为家庭节省空间，成长迅速。图 9-6 所示分别为曲面电视及 OLED 电视全球和中国出货情况。

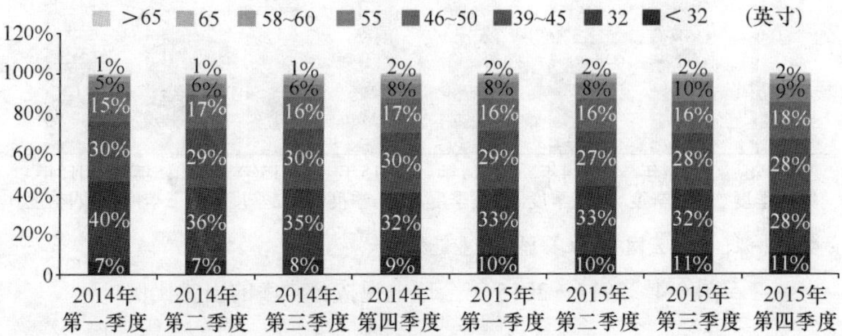

数据来源：奥维云网（AVC）显示产业链数据

图 9-5　2014—2015 年全球电视按尺寸的出货比例

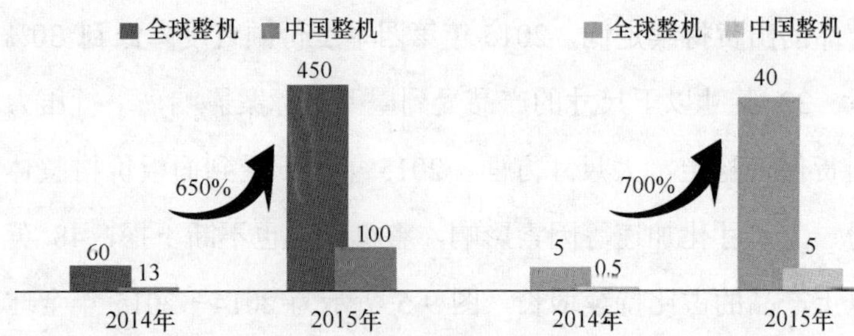

数据来源：奥维云网（AVC）显示产业链数据（单位：万台）

图 9-6　曲面电视及 OLED 电视全球和中国出货情况

二、展望趋势：中国品牌布局激进

（一）2016 年整机出货回暖

2016 年全球电视整机出货有所上升，预计出货 2300 万台，同比增长约 1.8%。受经济回暖等因素影响，预计全年全球经济增速可达 2.6%。欧元区的量化宽松政策预计还将继续，预计未来几年彩电市场稳中有升。图 9-7 显示了 2014—2018 年全球面板与整机出货情况。

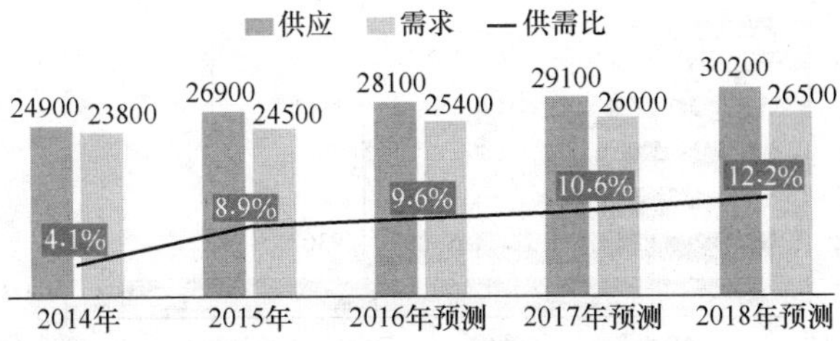

数据来源：奥维云网（AVC）显示产业链数据（单位：万片）

图 9-7　2014—2018 年全球面板与整机出货

（二）中国品牌态度激进

2016 年 TOP15 品牌规划出货量整体上调，整体规划出货量较 2015 年出货量增加近 2100 万台，同比增长 11%。国内品牌厂态度激进，整体规划同比增长 21.7%。韩日品牌厂小幅上修规划出货量，同比增长约 3%，全球份额进一步为中国品牌让步。总体来看，各大品牌看好 2016 年彩电市场环境。2016 年全球 TOP15 品牌彩电出货情况见图 9-8。

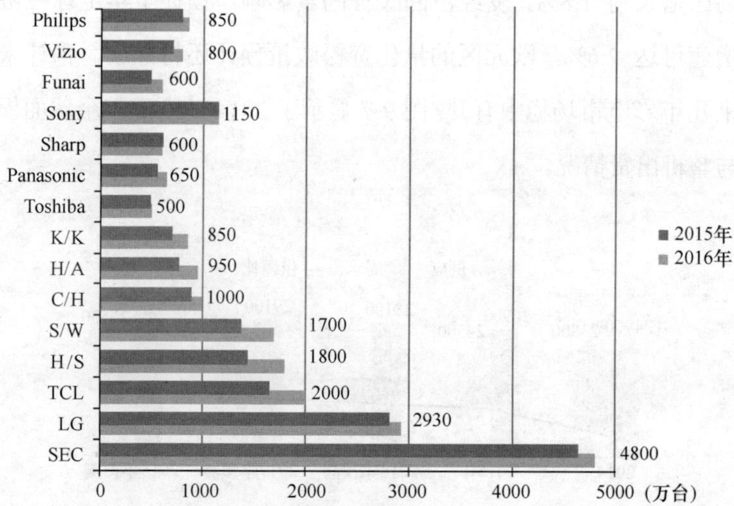

数据来源：奥维云网（AVC）显示产业链数据

图 9-8　2016 年全球 TOP15 品牌彩电出货情况

（三）2016 年国内厂商整机出货

中国骨干品牌布局激进，同比均上升 13%以上，TCL 喊出内外销 2000 万台的规划，海信、创维也有 1700 万到 1800 万台的目标。海尔收购夏普海外工厂，提高外销目标。在互联网品牌的冲击下，国内品牌纷纷将目光投入海外市场，以自身低价的特点，加速海外市场布局，在全球领域抢夺韩系、日系品牌市场份额。同时，在面对国内市场时，继续深挖乡镇农村等渠道，稳固其乡镇农村市场的地位。图 9-9 显示了 2016 年中国骨干企业规划彩电出货情况。

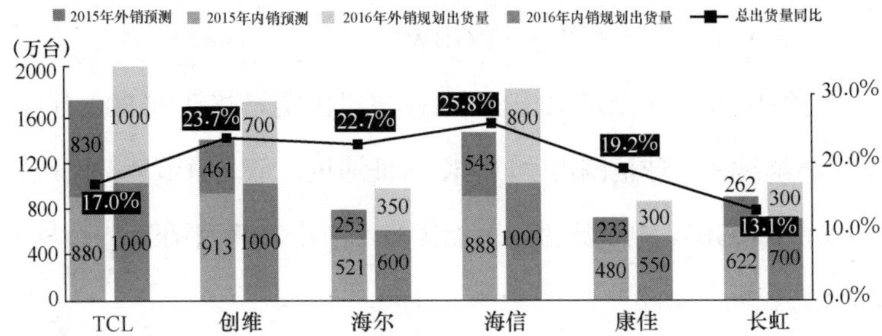

数据来源：奥维云网（AVC）显示产业链数据

图 9-9　2016 年中国骨干企业规划彩电出货情况

（四）2016 年 65 英寸领衔大尺寸化

2016 年，65 英寸电视出货同比上升 45.4%，成继 55 英寸之后的又一增长爆发点。随着面板价格整体下跌趋势的仍然持续，整机的可降价空间拉大，大尺寸面板的降价幅度尤其可观，更利于大尺寸整机终端市场渗透的加速。2013—2016 年全球 65 英寸彩电供需分析见图 9-10。

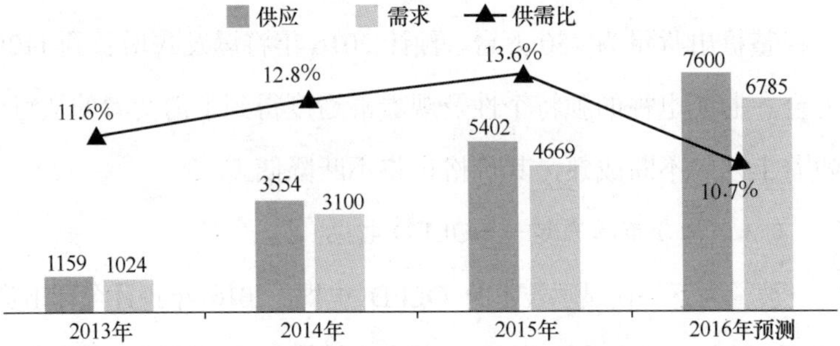

数据来源：奥维云网（AVC）显示产业链数据（单位：千台）

图 9-10　2013—2016 年全球 65 英寸彩电供需分析

（五）细分市场崛起——RGBW

预计 2016 年全球 RGBW 电视整机出货量将达到 800 万台。LG 将继续在全球范围内争取 4K 认证通过，借北京节能补贴政策的出台，RGBW 电视凭借其节能优势，预计 2016 年在国内市场会有优秀表现。

（六）细分市场崛起——超轻薄彩电

因超轻薄的性质更能为家庭节省空间，超轻薄彩电受到越来越多家庭的认可，2015 年全球超轻薄彩电整机出货量达 120 万台，预计 2016 年出货将爆发式增长到 620 万台。中国对于超轻薄的接受程度更快，预计 2016 年中国超轻薄整机的出货将达到 380 万台，同时，分体机获得业界认可，使超轻薄整机的价格更加亲民，从而加快了其渗透速度。

（七）细分市场崛起——曲面电视

曲面电视的分辨率主要是 FHD 和 UHD。2015 年全球曲面电视整机出货量为 450 万台，预计 2016 年将爆发式增长到 1120 万台。曲面电视的独特个性及观看舒适度得到了消费者的认可，随着工艺的不断成熟，其价格也将不断降低。

（八）细分市场崛起——OLED 电视

被誉为下一代显示技术的 OLED 电视，2016 年预计全球出货 13000 万台，同比增长 325%，其中中国增长尤为迅猛，同比增长达到 400%，预计未来几年将是 OLED 电视普及之年，加之 LCD

取代 CRT 已经过去 8 年，已经到了家用电视换机潮来临之际，随着 OLED 面板良率的不断提升，面板价格不断下降，预计 OLED 电视在未来会有更加惊人的表现。2015—2018 年全球与中国 OLED 电视出货量见图 9-11。

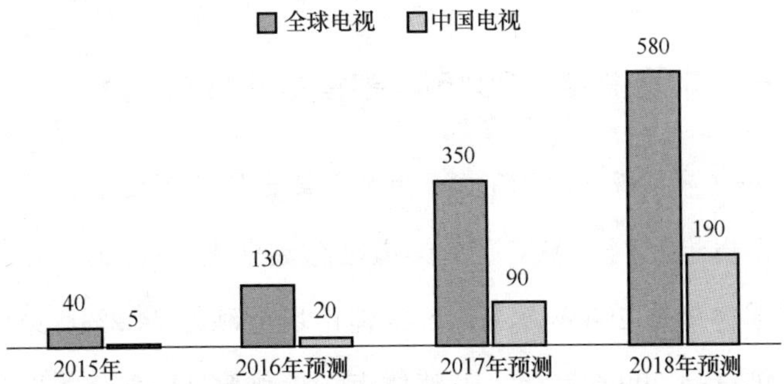

数据来源：奥维云网（AVC）显示产业链数据（单位：万台）

图 9-11　2015—2018 年全球与中国 OLED 电视出货量

2015 年已经过去，这一年全球彩电整体形势并不理想，不过电视销售差异化逐渐明朗，个性化差异将成为新常态。随着 2016 年的到来，电视市场逐渐回暖，出货也进一步增长，同时，2016 年伊始，面板价格在低位徘徊，这一现象也会带动整机整体价格的下探，从而间接拉动市场。

来源：奥维云网（AVC）　张呈正

10. 2015 年 OTT 盒子市场总结及 2016 年展望

一、市场总结：2015 年零售量 1213 万台

（一）市场规模：OTT 盒子市场零售量 1213 万台

据奥维云网（AVC）全渠道推总数据显示：2015 年第一季度零售量是 293.5 万台，占整体市场份额为 24.2%；第二季度零售量是 299.6 万台，占整体市场份额为 24.7%；第三季度零售量是 294.8 万台，占整体市场份额为 24.3%；第四季度零售量是 325.1 万台，占整体市场份额为 26.8%。第三季度下滑的原因是国家新闻出版广电总局 229 号文发布，严查非法网络电视接收设备以及 81 项违规软件，政策的发布冲击了 OTT 盒子的市场销售情况。图 10-1 所示为 2015 年 OTT 盒子季度零售量规模。

（二）价格行情：盒子市场价格结构趋于稳定

目前市场上越来越多的消费者利用 OTT 盒子通过互联网来观看热门视频和电影电视剧，OTT 盒子较智能电视来说价格低廉、功能强大，获得了消费者的热捧。国内厂商抢占

客厅经济市场，导致 OTT 盒子市场竞争激烈，以至于短短的几年时间，网络机顶盒的价位从七八百元被拉低到了两三百元。

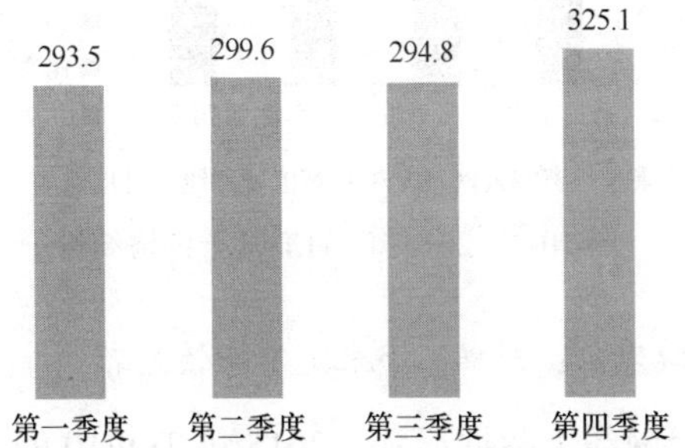

数据来源：奥维云网（AVC）智能硬件全渠道推总（单位：万台）

图 10-1　2015 年 OTT 盒子季度零售量规模

据奥维云网线上数据显示，OTT 盒子的价格结构主要集中在 100～199 元和 200～299 元。第一季度 100～199 元和 200～299 元价格结构的零售量份额占比分别是 41.3%、40.8%，第二季度 100～199 元和 200～299 元价格结构的零售量份额占比分别是 44.0%、37.9%，第三季度 100～199 元和 200～299 元价格结构的零售量份额占比分别是 35.3%、38.5%，第四季度 100～199 元和 200～299 元价格结构的零售量份额占比分别是 40.9%、33.1%。图 10-2 所示为 2015 年 OTT 盒子价格结构。

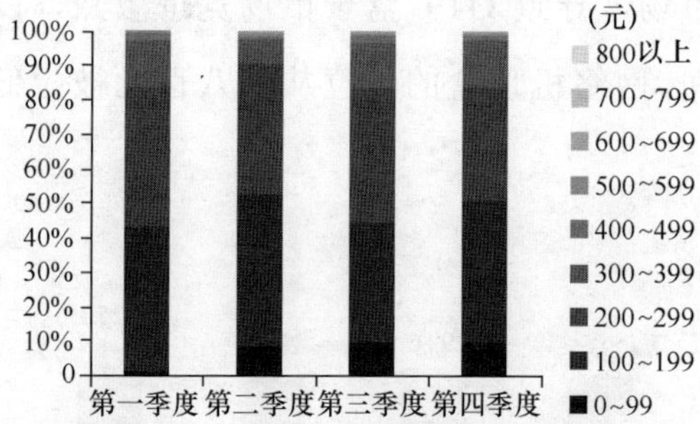

数据来源：奥维云网（AVC）智能硬件线上月度监测

图 10-2　2015 年 OTT 盒子价格结构

（三）品牌现象：天猫、小米是市场领先者

据奥维云网线上数据显示，2015 年 TOP10 的品牌是天猫、小米、英菲克、天敏、迪优美特、华为、忆典、海美迪、创维、开博尔，各品牌占整体零售量份额分别是 22.0%、18.7%、8.3%、6.8%、5.3%、4.9%、4.3%、4.3%、4.2%、3.4%。OTT 盒子的市场品牌集中度较高，TOP5 的品牌份额占比是 61.5%，TOP10 的品牌份额占比是 82.3%。按季度来看，TOP3 的品牌份额占比趋于平稳，第一季度天猫、小米、英菲克的份额占比分别是 18.3%、13%、11.1%，第二季度天猫、小米、英菲克的份额占比分别是 23.8%、18.0%、8.8%，第三季度天猫、小米、英菲克的份额占比分别是 19.9%、22.0%、7.6%，第四季度天猫、小米、英菲克的份额占比分别是 25.0%、19.8%、6.9%。图 10-3 所示为 2015 年 OTT 盒子品牌份额变化情况。

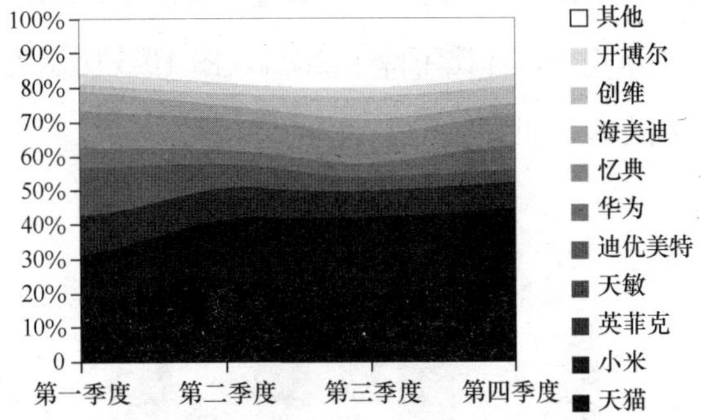

数据来源：奥维云网（AVC）智能硬件线上月度监测

图 10-3　2015 年 OTT 盒子品牌份额变化情况

（四）品牌数量：在售品牌数量下半年增长放缓

2014—2015 年，OTT 盒子行业风声鹤唳，相关部门连续发布严令整改，扰乱了整个 OTT 行业。目前盒子纷纷靠拢七大互联网牌照商，OTT 盒子基本以“纯正化”认证。

据奥维云网线上数据显示，2015 年 OTT 盒子在售品牌数量是 191 个。第一季度在售品牌数量是 137 个；第二季度在售品牌数量是 140 个；第三季度和第二季度的在售品牌数量相同；第四季度在售品牌数量是 130 个，环比下降了 7.1%。图 10-4 所示为 2015 年 OTT 盒子线上在售品牌数量。

（五）机型数量：在售机型上半年稳步增长

据奥维云网线上数据显示，2015 年 OTT 盒子在售机型数量是 919 个。第一季度在售机型数量是 559 个；第二季度在售机型数量是 613 个；第三季度在售机型数量是 629 个；第四季度在售机型数量是 606 个，环比下降了 3.7%。图 10-5 所示为 2015 年 OTT 盒子线上在售机型数量。

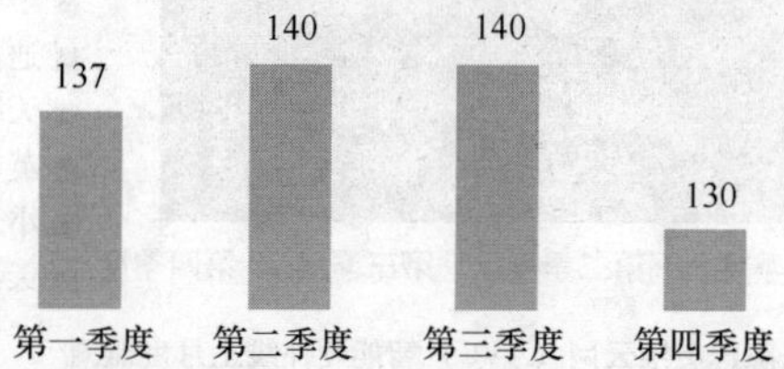

数据来源：奥维云网（AVC）智能硬件线上月度监测（单位：个）

图 10-4　2015 年 OTT 盒子线上在售品牌数量

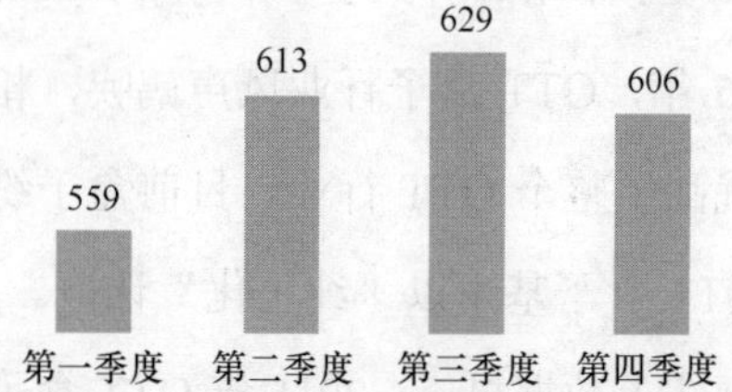

数据来源：奥维云网（AVC）智能硬件线上月度监测（单位：个）

图 10-5　2015 年 OTT 盒子线上在售机型数量

（六）新品数量：新品上市集中于上半年

据奥维云网线上数据显示，2015 年 OTT 盒子新品上市机型数量为 396 个。第一季度新品上市机型数量是 103 个，第二季度新品上市机型数量是 115 个，第三季度新品上市机型数量是 88 个，第四季度新品上市机型数量是 90 个。图 10-6 所示为 2015

年 OTT 盒子线上新品上市数量。

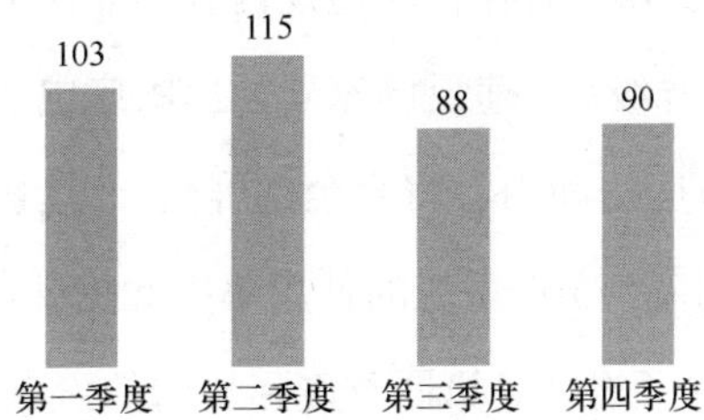

数据来源：奥维云网（AVC）智能硬件线上月度监测（单位：个）

图 10-6　2015 年 OTT 盒子线上新品上市数量

二、产品现状：4K 盒子未来前景好

（一）操作系统：安卓与阿里云平分秋色

目前市场上 OTT 盒子的操作系统有安卓、阿里云、Linux、百度云、Windows 等，安卓和阿里云的销量份额在伯仲之间。

据奥维云网线上数据显示，2015 年新品上市机型的操作系统中阿里云份额占比是 58.3%，安卓份额占比是 40.0%，其他占比 1.7%。第一季度，阿里云操作系统占比较少，份额为 24.8%；安卓操作系统的份额占比较高，份额为 74.5%。第二季度开始阿里云与安卓系统的占比趋于稳定，阿里云份额占比是 59.4%，安卓系统份额占比是 39.0%。第三季度阿里云份额占比 56.5%，下降了 2.9 个百分点，原因是 229 号文颁布 81 项违规软件，“阿里云盒联盟”搭载阿里云系统和内容，由其他厂商合作生产，由于版本太多，阿里“为严格贯彻国家新闻出版广电总局的相关政策要求，进行停服升级，对存在的违规内容和非法应用进行检查和下线处理。停服升级后，违反国家新闻出版广电总局相关规定的非法违规第三方应用和内容将会全部屏蔽”。这影响到消费者的购买欲望和使用率。安卓系统的使用率因此提升，市场份额占比41.0%，上升 2 个百分点。第四季度阿里云的份额占比是 60.7%，上升 4.2 个百分点，因为停服升级宣布解禁；安卓操作系统份额占比是 37.9%。图 10-7 所示为 2015 年 OTT 盒子上市机型操作系统结构。

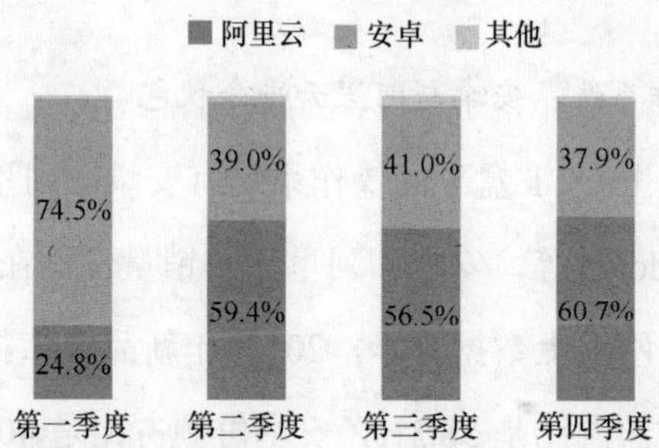

数据来源：奥维云网（AVC）智能硬件线上月度监测

图 10-7　2015 年 OTT 盒子上市机型操作系统结构

（二）CPU 核数：4 核盒子市场份额最大

CPU 配置从 ALI3901 到现在的晶晨 4 核，全志、瑞芯微 8 核。

据奥维云网线上数据显示，2015 年新品上市机型 CPU 核数结构中 4 核盒子市场份额最大，CPU 8 核盒子市场份额上升。按整体规模看，CPU 4 核和 8 核盒子的份额占比分别是 83.2%、15.4%。按季度来看，第一季度，CPU 4 核和 8 核盒子的份额占比分别是 85.6%、9.1%；第二季度，两者占比分别是 89.9%、7.8%；第三季度，两者占比分别是 87.0%、11.1%；第四季度，两者占比分别是 77.9%、21.5%。图 10-8 所示为 2015 年 OTT 盒子上市机型 CPU 核数结构。

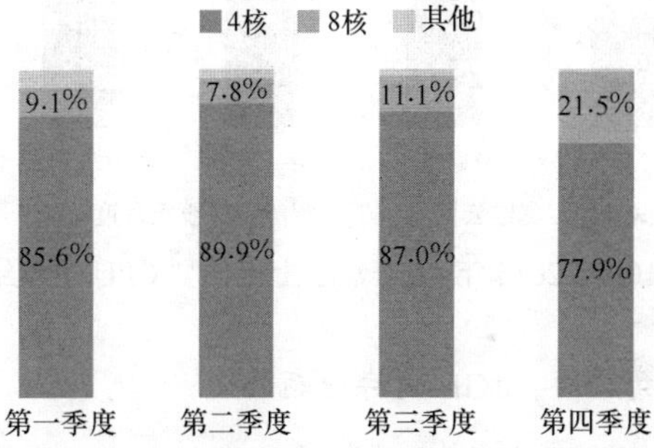

数据来源：奥维云网（AVC）智能硬件线上月度监测

图 10-8　2015 年 OTT 盒子上市机型 CPU 核数结构

（三）CPU 主频：1.3 吉赫市场份额下降幅度较大

据奥维云网线上数据显示，2015 年新品上市机型 CPU 主频结构中 2.0 吉赫和 1.3 吉赫整体市场份额较大，占比分别是 35.1%、15.1%。按季度来看，1.3 吉赫下降幅度较大。第一季度 CPU 主频 1.3 吉赫份额占比是 56.2%，第二季度 CPU 主频 1.3 吉赫份额占比是 19.2%，第三季度 CPU 主频 1.3 吉赫份额占比是 15.6%，第四季度 CPU 主频 1.3 吉赫份额占比是 10.8%。图 10-9 所示为 2015 年 OTT 盒子上市机型 CPU 主频结构。

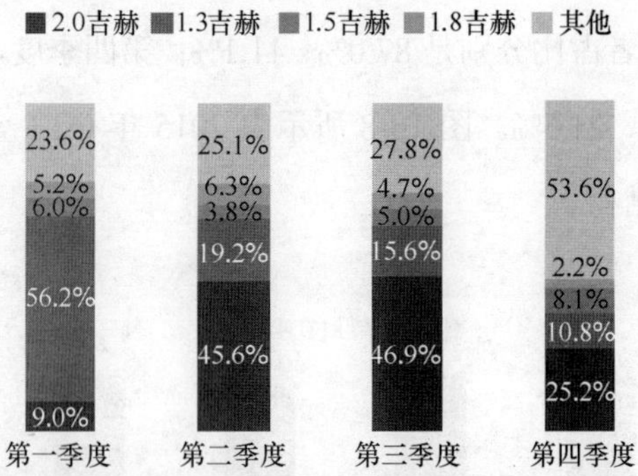

数据来源：奥维云网（AVC）智能硬件线上月度监测

图 10-9　2015 年 OTT 盒子上市机型 CPU 主频结构

（四）运行内存：1GB 内存份额最大

据奥维云网线上数据显示，2015 年新品上市机型 RAM（运行内存）结构中 1GB（吉字节）内存份额最大，占比是 89.5%。按季度来看，2GB 内存除去第一季度外，之后缓慢增长。第一季度 2GB 内存份额占比是 1.9%，第二季度 2GB 内存份额占比是 0.5%，第三季度 2GB 内存份额占比是 1.7%，第四季度 2GB 内存份额占比是 2.2%。图 10-10 所示为 2015 年 OTT 盒子上市机型 RAM 结构。

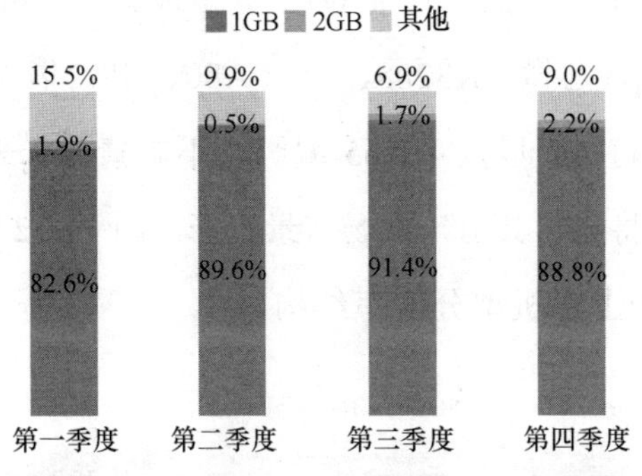

数据来源：奥维云网（AVC）智能硬件线上月度监测

图 10-10 2015 年 OTT 盒子上市机型 RAM 结构

（五）ROM：8GB 内存份额最大，16GB 内存份额持续增长

据奥维云网线上数据显示，2015 年新品上市机型 ROM（闪存）结构中 8GB 内存份额最大，占比是 66.4%。按季度来看，16GB 内存缓慢增长。第一季度 16GB 内存份额占比是 0.4%，第二季度 16GB 内存份额占比是 3.1%，第三季度 16GB 内存份额占比是 5.2%，第四季度 16GB 内存份额占比是 17.3%。图 10-11 所示为 2015 年 OTT 盒子上市机型 ROM 结构。

（六）分辨率：4K（UHD）盒子未来前景好

据奥维云网线上数据显示，2015 年新品上市机型分辨率结构中 FHD 份额最大，占比是 67.3%。按季度来看，UHD 整体的发展并不乐观，可是第四季度市场份额占比是 37.1%，环比上升 11.9 个百分点。目前 OTT 盒子最新一代解决方案是：晶晨 S812，瑞芯微 RK3288，全志 A80、H8，华为海思 3796。它们同时支持 4K 以及 H.265 编码，不难猜想未来一两年 4K 网络机顶盒将大行其道，市场前景较好。图 10-12 所示为 2015 年 OTT 盒子上市机型分辨率结构。

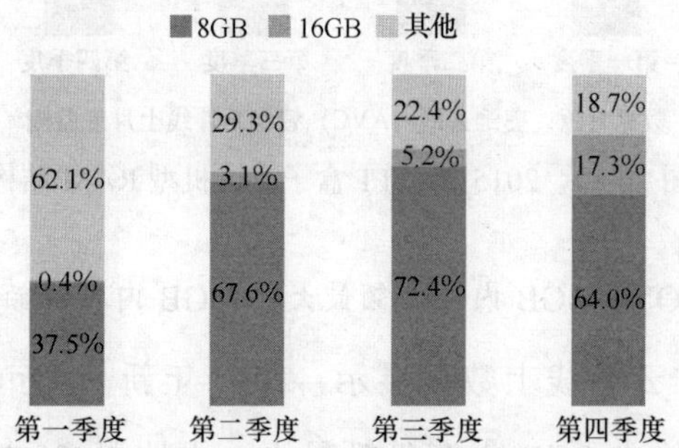

数据来源：奥维云网（AVC）智能硬件线上月度监测

图 10-11 2015 年 OTT 盒子上市机型 ROM 结构

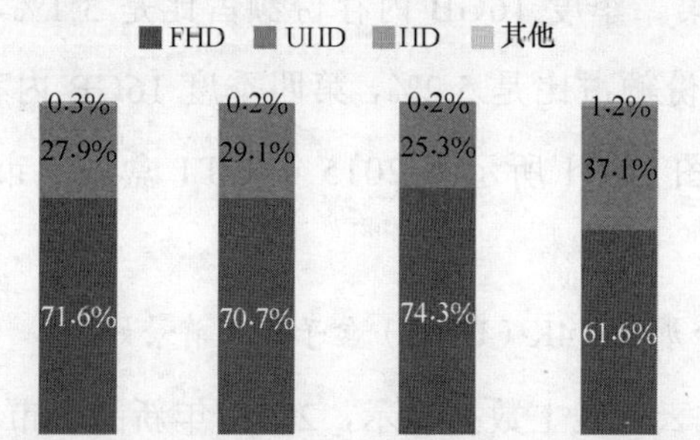

数据来源：奥维云网（AVC）智能硬件线上月度监测

图 10-12 2015 年 OTT 盒子上市机型分辨率结构

三、行业政策：OTT 行业是政策依赖型产业

（一）OTT 行业是政策依赖型产业

在中国 OTT 行业是强政策依赖型产业，国家新闻出版广电总局间接或直接地监管着运营商、牌照商、内容服务和提供商，从 OTT 行业的产业治理结构中就可以看出，如图 10-13 所示。

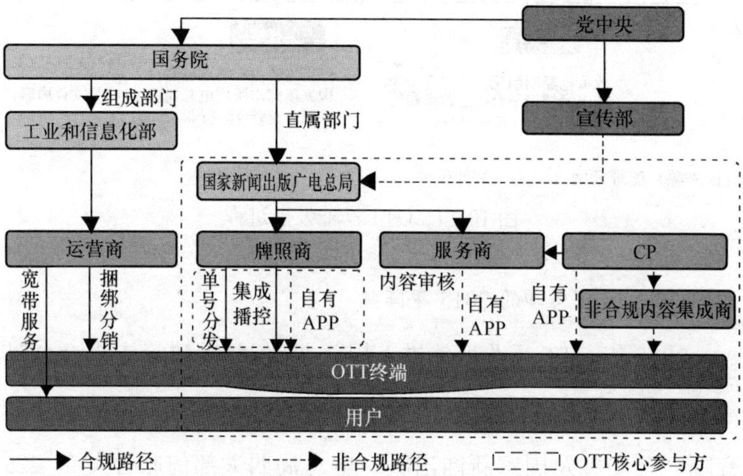

数据来源：奥维云网（AVC）智能硬件

图 10-13 OTT 行业的产业治理结构

（二）OTT 盒子行业进入规范期

OTT 行业是政策依赖型产业，从政策开始监管到现在 OTT 盒子经历的阶段如图 10-14 所示。2015 年行业进入规范期，现

在行业已经趋于政策明朗化，意在逐步理清内容播控平台、运营商和终端产业链的关系与次序。

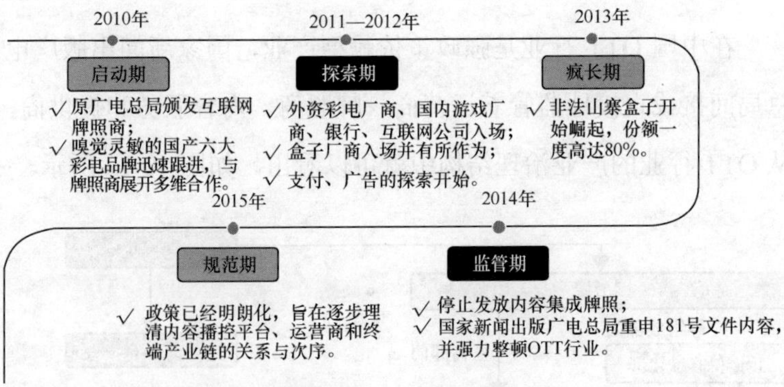

数据来源：奥维云网（AVC）智能硬件

图 10-14　OTT 产业发展进程

（三）不可忘却的 2015 年阵痛

2015 年 OTT 行业虽然进入规范期，但相关政策依然给 OTT 盒子行业带来阵痛。2015 年 10 月，最高人民法院、最高人民检察院、公安部及国家新闻出版广电总局四大部门联合发布 229 号文，严整互联网电视，打击非法接收设备；11 月，阿里系盒子为响应国家新闻出版广电总局相关政策决定进行系统升级，升级后国家新闻出版广电总局首批公布的 81 个非法违规第三方应用将会被全部屏蔽；12 月 26 日，国家新闻出版广电总局科技司、工业和信息化部电子信息司举办“智能电视操作系统 TVOS2.0 发布会”。据说国家新闻出版广电总局将强制推广普及这一智能电视操作系统。OTT 盒子遭受“重拳”的力度源在不停地涌来，OTT 行业的阵痛未来可能还将持续……

四、展望趋势：2016 年同比下降 4.2%

（一）市场规模预测：2016 年同比下降 4.2%

2015 年 OTT 盒子市场规模是 1213 万台，同比下降了 6.7%。历年中 2015 年下滑最大，原因主要是酝酿已久的 229 号文颁布，229 号文中定义了非法电视网络接收设备的种类。这些设备主要包括 3 类：①“电视棒”等网络共享设备；②非法互联网电视接收设备，包括但不限于内置含有非法电视、非法广播等非法内容的定向接收软件或硬件模块的机顶盒、电视机、投影仪、显示器；③用于收看非法电视、收听非法广播的网络软件、移动互联网客户端软件和互联网影视客户端软件。从非法电视网络接收设备中不难看出盒子首当其冲。229 号文还发布了 81 个违规软件的黑名单，阿里云系盒子联盟发布停服升级整顿公告，也极大地消减了消费者的购买欲望。

据奥维云网智能硬件全渠道推总及结合 OTT 行业政策监管现状预测，2016 年 OTT 盒子的市场规模是 1162 万台，同比下降 4.2%。原因有如下两点：第一点，2016 年中国经济大环境不景气；第二点，政策监管“前有狼后有虎”的形势。229 号文颁布的政策监管余力尚存，国家新闻出版广电总局又发布了 TVOS2.0 智能电视操作系统，此系统从底层进行了技术限制，使用户无法获取 Root（最高管理员）权限，因而无法自行安装第三方软件、无法刷机、无法翻墙收看一些免费或者禁止的内容。而拥有了自己的智能电视操作系统之后，国家新闻出版广电总局更方便做到“可管可控”，意在国内“一统江湖”。图 10-15 所示为 2011—2016 年 OTT 盒子的市场规模变化。

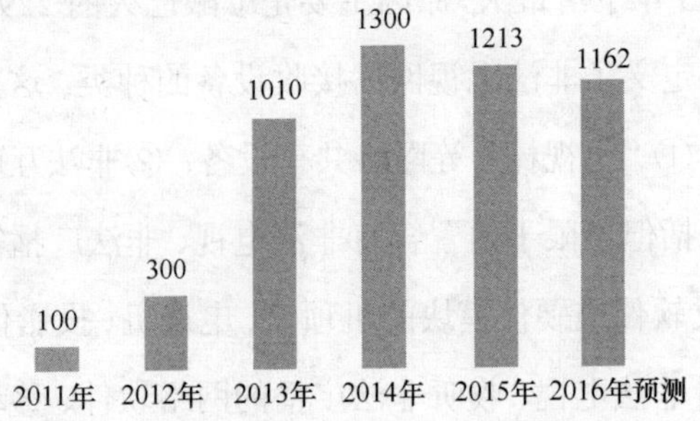

数据来源：奥维云网（AVC）智能硬件全渠道推总（单位：万台）

图 10-15　2011—2016 年 OTT 盒子市场规模变化

（二）产品趋势展望：产品向着高端化方向发展

在未来产品主要是 CPU 向着 8 核普及，中高端产品中 8 核是未来的常规产品；RAM（运行内存）向着 2GB 发展，对应的 ROM（闪存）在 16GB 的路上前行；目前芯片的新一代解决方案都支持 4K 以及 H.265 编码，未来 4K OTT 盒子发展前景大好。

综上所述，对于 2016 年 OTT 盒子的市场规模奥维云网保持乐观谨慎的态度进行预测。OTT 盒子是 OTT 行业不可或缺的产品。

来源：奥维云网（AVC）　郑海艳

11. 2015 年智能硬件市场总结及 2016 年展望

一、市场总结：智能穿戴主导下的智能硬件市场

2015 年业已结束，公开数据显示，2015 年全球智能硬件获得了长足发展。奥维云网（AVC）智能硬件全渠道推总数据显示，2015 年全球智能硬件零售量为 1.3 亿部，季度零售量呈稳步增长态势。图 11-1 所示为 2015 年全球智能硬件总量变化情况。

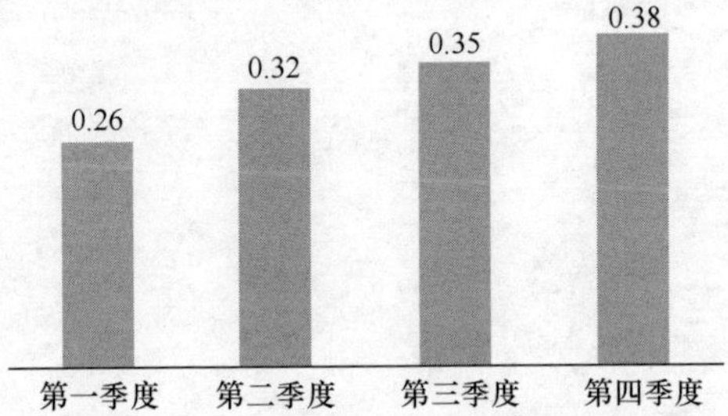

数据来源：奥维云网（AVC）智能硬件全渠道季度推总（单位：亿部）

图 11-1 2015 年全球智能硬件总量变化情况

从品类结构来看，全球智能硬件市场中占比最大的品类是智能穿戴，零售量占比高达 59%。排名第二位的是智能家居，占

比高达 31%。智能健康品类占比最小，仅为 10%。详见图 11-2。

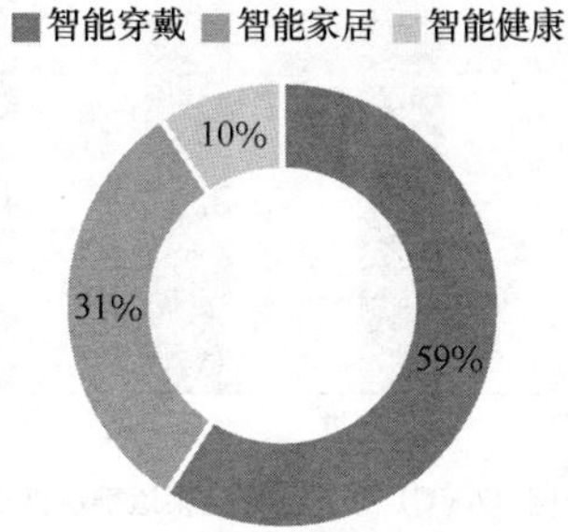

数据来源：奥维云网（AVC）智能硬件全渠道季度推总

图 11-2　2015 年全球智能硬件品类销量占比

2015 年中国市场智能硬件零售量达 0.4 亿部，占全球份额的 32%。与彩电等品类全球零售量占比不到 1/4 的情况相比，中国在智能硬件市场更显活跃。奥维云网分析认为，小米等厂商推出的低价手环产品热销，降低了消费者的购买心理门槛，直接拉高了中国智能硬件的零售量。图 11-3 所示为 2015 年中国智能硬件总量变化。

分季度来看，中国大陆智能硬件零售规模整体平稳，2015 年第四季度销量规模达 1097 万部，较第一季度增长 8%。

从品类占比来看，智能穿戴占比为 56%，低于全球（59%）3 个百分点；智能家居产品占比为 39%，高于全球（31%）8 个百分点；智能健康占比仅为 5%，低于全球（10%）5 个百分点。图 11-4 所示为 2015 年中国智能硬件品类销量占比。

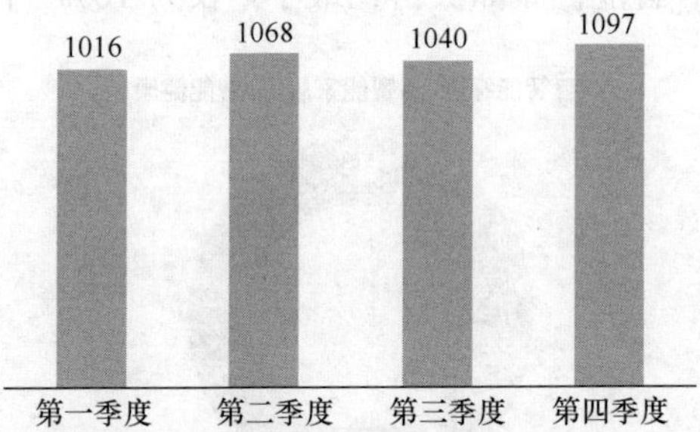

数据来源：奥维云网（AVC）智能硬件全渠道季度推总（单位：万部）

图 11-3　2015 年中国智能硬件总量变化

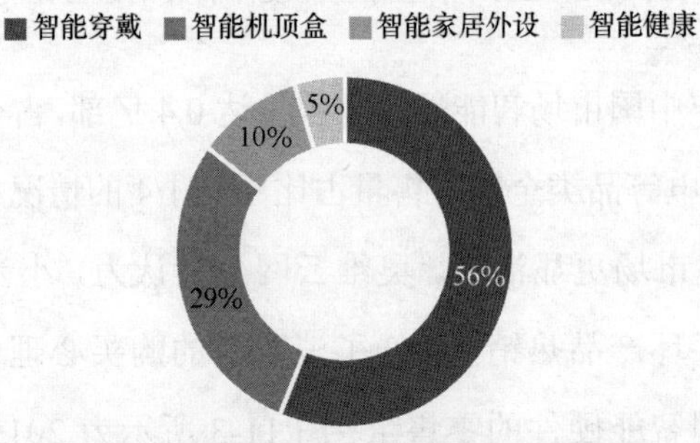

数据来源：奥维云网（AVC）智能硬件全渠道季度推总

图 11-4　2015 年中国智能硬件品类销量占比

中国智能家居占比高于全球，得益于近年来智能机顶盒在国内的热销。国内仅智能机顶盒一个品类的零售量就超过 1200 万部，占中国智能硬件总体零售量的 29%。从以上数据不难看出，无论是全球还是中国，智能硬件市场规模占比最高的是智能穿戴。

奥维云网分析认为，智能穿戴产品全球热销，主要得益于产品可“show”、生态成熟、巨头引领这 3 项要素。详见图 11-5。

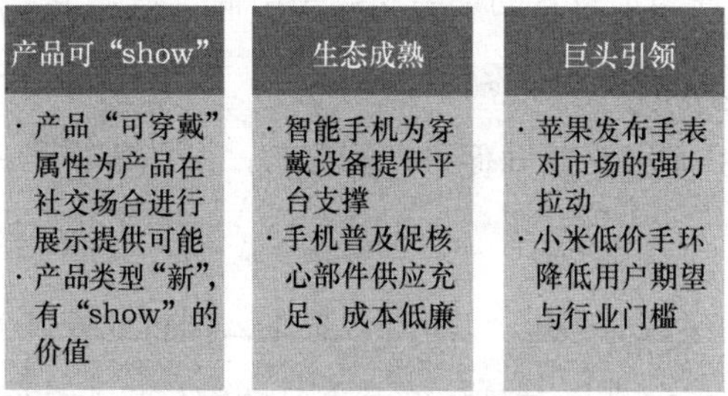

资料来源：奥维云网（AVC）智能硬件制作

图 11-5　智能穿戴 3 项要素

产品可“show”

智能穿戴产品大多随身穿戴，尤其是手环、手表，容易在社交场合被发现；且智能穿戴产品本身作为全新事物，在品类推广初期具有可“show”价值。

生态成熟

智能穿戴产品多配合智能手机使用。智能手机在全球范围普及，为智能硬件设备的快速增长打下了硬件环境基础。智能手机的快速发展，使得各类传感器、芯片等零部件得以批量生产，从而降低成本，进而降低智能穿戴行业的进入门槛，并保证了零部件的稳定供应。

巨头引领

苹果发布智能手表，提升了用户对这一品类的关注度和接受度，引领了大批新进入者加入市场竞争。小米推出百元以下智能手环，将厂商与消费者的期望和购买门槛一举降至空前低位，极大地提高了腕带产品的零售量。

以上 3 个因素共同促进智能穿戴产品的零售量占比在诸品类中夺冠。

对智能穿戴品类进一步分析，奥维云网智能硬件全渠道推总数据显示，2015 年全球智能穿戴产品的零售量为 7787 万部，分季度数据显示全球智能穿戴市场规模稳步增长。详见图 11-6。

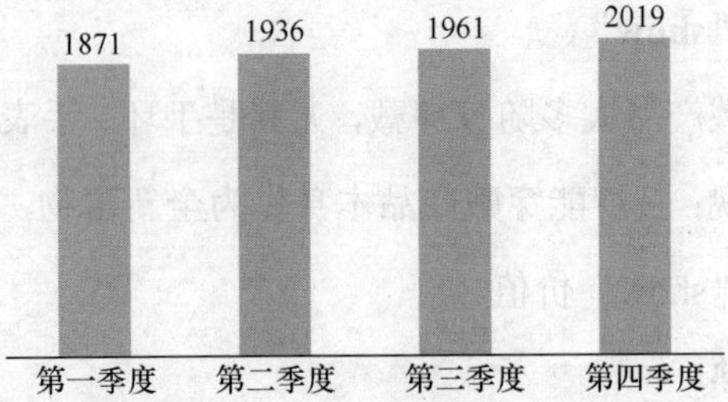

数据来源：奥维云网（AVC）智能硬件全渠道季度推总（单位：万部）

图 11-6　2015 年全球智能穿戴市场零售规模变化

2015 年，中国智能穿戴市场零售量为 2381 万部，全球占比达 30.6%。分季度来看，规模增长趋势喜人。详见图 11-7。

从品牌结构来看，2015 年中国智能穿戴 TOP5 品牌依次为小米、苹果、360、乐心、埃微，TOP5 品牌占比合计为 61%。其中，小米品牌份额一家独大，占比高达 40%。图 11-8 所示为

2015 年中国智能穿戴市场品牌结构。

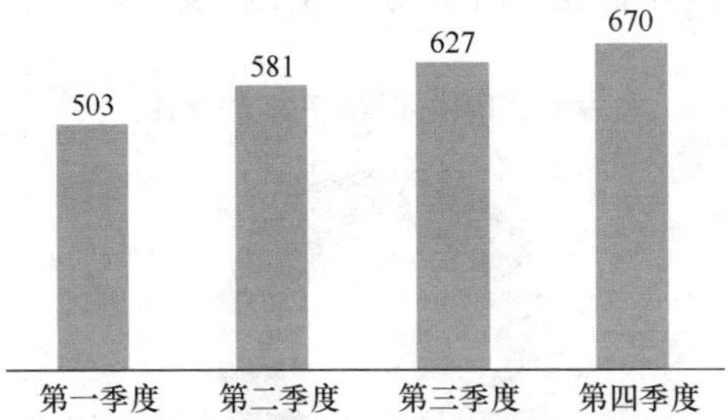

数据来源：奥维云网（AVC）智能硬件全渠道季度推总（单位：万部）

图 11-7　2015 年中国智能穿戴市场零售规模变化

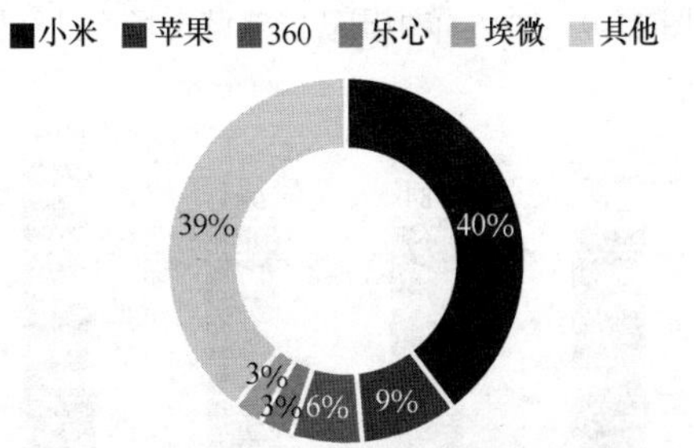

数据来源：奥维云网（AVC）智能硬件全渠道季度推总

图 11-8　2015 年中国智能穿戴市场品牌结构

从品类构成来看，2015 年中国智能穿戴产品的零售量占比以腕带产品为最大。其中智能手环占比为 58%，手表占比为 40%，二者占比合计高达 98%。图 11-9 所示为 2015 年中国智能穿戴市场产品结构。

2015 年全球智能家居市场零售量为 4103 万部。分季度来看，第四季度增长明显，单季度零售量超过 1000 万部。图 11-10 所示为 2015 年全球智能家居市场零售规模变化。

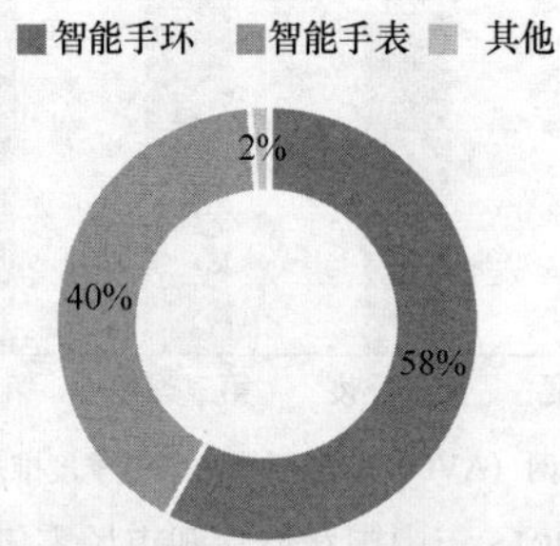

数据来源：奥维云网（AVC）智能硬件全渠道季度推总

图 11-9　2015 年中国智能穿戴市场产品结构

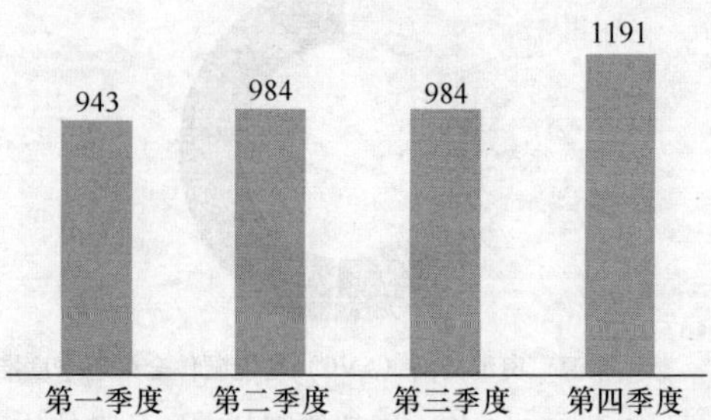

数据来源：奥维云网（AVC）智能硬件全渠道季度推总（单位：万部）

图 11-10　2015 年全球智能家居市场零售规模变化

2015 年中国智能家居市场零售量为 1640 万部，全球占比高达 40%。分季度来看，全年整体发展平稳，第三季度的规模略有下降，第四季度有了较显著回升。图 11-11 所示为 2015 年中国智能家居市场零售规模变化。

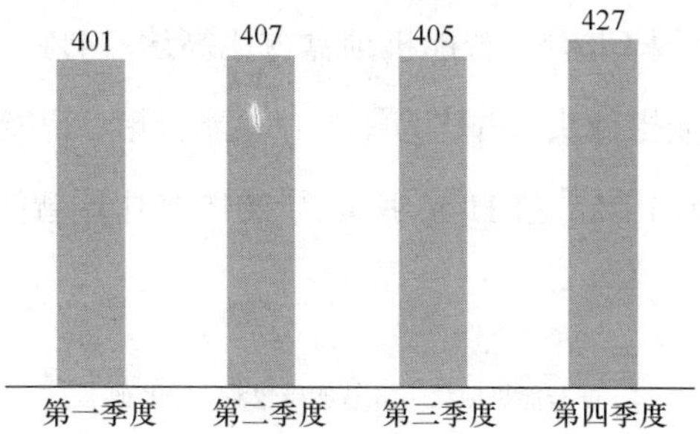

数据来源：奥维云网（AVC）智能硬件全渠道季度推总（单位：万部）

图 11-11　2015 年中国智能家居市场零售规模变化

从品牌结构来看，2015 年中国智能家居市场 TOP5 品牌分别为小米、天猫、英菲克、天敏、迪优美特，TOP5 占比高达 66%。小米、天猫是仅有的两个占比远超过 10%的品牌，将其他品牌远远甩在身后。进一步的分析显示，小米在智能机顶盒、智能插座等诸多领域的表现可圈可点。图 11-12 所示为 2015 年中国智能家居市场零售品牌结构。

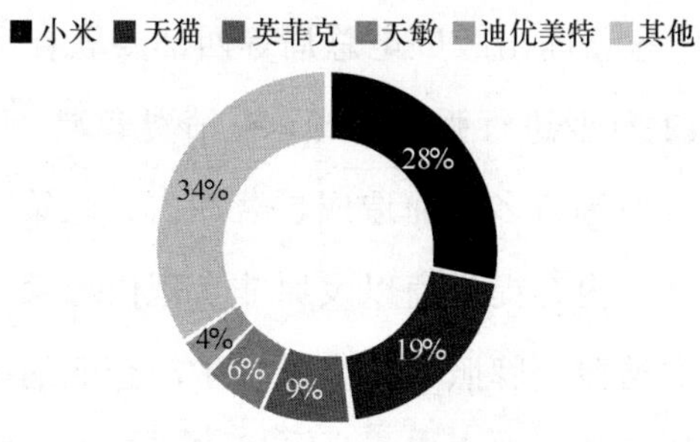

数据来源：奥维云网（AVC）智能硬件全渠道季度推总

图 11-12　2015 年中国智能家居市场零售品牌结构

从品类结构来看，智能机顶盒占比高达 74%。排在第二位的品类是智能摄像头，占比为 11%，智能音箱、智能插座等品类合计占比仅为 15%。图 11-13 所示为 2015 年中国智能家居市场零售品类结构。

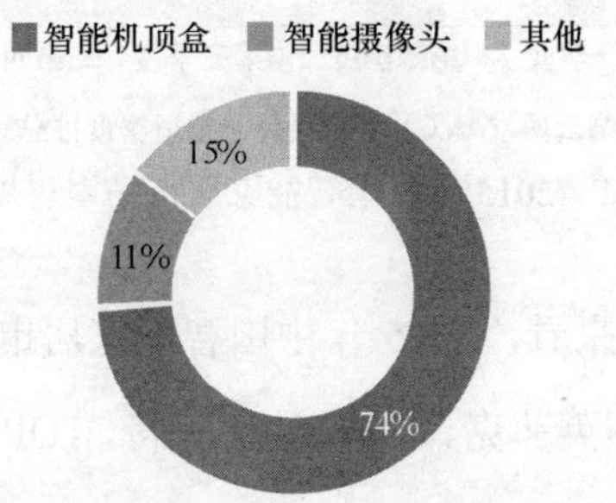

数据来源：奥维云网（AVC）智能硬件全渠道季度推总

图 11-13 2015 年中国智能家居市场零售品类结构

对智能机顶盒进一步分析，奥维云网认为，OTT 机顶盒产业在中国是强政策依赖型产业。以 2015 年的行业发展情况为例，9 月国家新闻出版广电总局等四部委联合出台 229 号文件，对 OTT 行业进行强势整顿，在消费者端、厂商端和非合规内容聚合商等诸多方面造成显著冲击。政策严管之下，各类视频网站、内容提供商以及原非合规内容聚合软件企业纷纷与牌照方结盟；牌照方负责硬件生产企业的串码发放，对于不合规的硬件终端串码申领予以必要管控。牌照方的产业话语权有了显著增强。很多消费者通过非合规聚合软件观看直播内容的行为受到影响，盒子产品内只提供绑定了牌照商的内容，自此用户不得不通过付费购买的方式来观看更多精品视频内容。可见无论是供给端还是用户端，围绕智能机顶盒展开的种种活动都与国家新闻出版广电总局的政策监管紧密相关。

对于政策监管，从长期而言无疑有助于知识产权的保护和消费者付费行为的培养；短期来看，政府在打击盗链、违规聚合方面成效显著，但还是未能达到2011年出台的181号文件里诸如“一台终端仅能绑定唯一内容集成平台”的要求。之所以造成这种局面，目前来看主要是因为部分视频网站通过与牌照方合作，来推出合规的视频应用，由用户下载安装后，形成一台终端访问多个互联网集成平台的违规局面。目前监管当局并未公开表示谁该为此局面的出现负责。

2015年，全球智能健康市场零售量为1254万部。分季度来看，规模增长趋势明显，第四季度零售量达342万部，相较第一季度（286万部）增长近20%。图11-14所示为2015年全球智能健康市场零售规模变化。

从中国市场来看，2015年智能健康市场零售量为200万部。分季度来看，增速呈现出上升态势。图11-15所示为2015年中国智能健康市场零售规模变化。

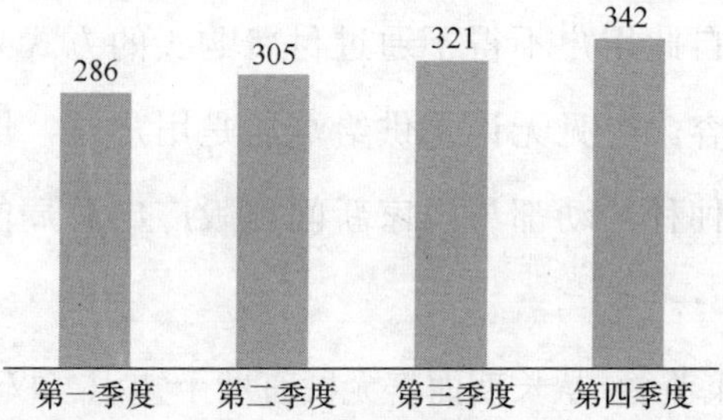

数据来源：奥维云网（AVC）智能硬件全渠道季度推总（单位：万部）

图 11-14 2015 年全球智能健康市场零售规模变化

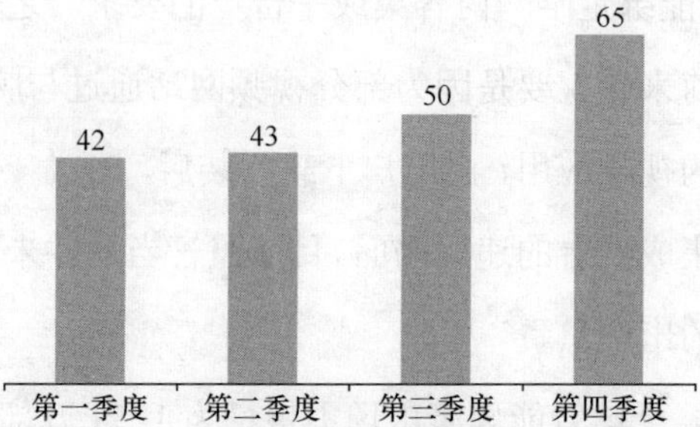

数据来源：奥维云网（AVC）智能硬件全渠道季度推总（单位：万部）

图 11-15 2015 年中国智能健康市场零售规模变化

从产品结构来看，2015 年中国智能健康市场零售量 TOP5 品牌分别为好轻、小米、有品、乐心和云康宝，TOP5 零售量占比高达 83%。图 11-16 所示为 2015 年中国智能健康市场品牌结构。

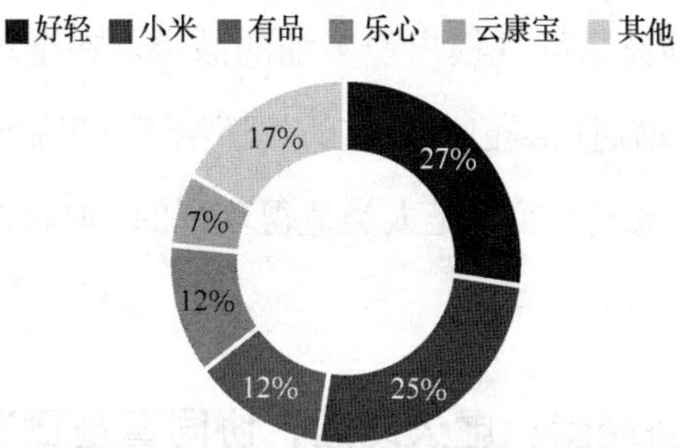

数据来源：奥维云网（AVC）智能硬件全渠道季度推总

图 11-16　2015 年中国智能健康市场品牌结构

从品类结构来看，健康秤产品占比高达 95%。可见智能健康产业尚处于起步阶段。图 11-17 所示为 2015 年中国智能健康市场产品结构。

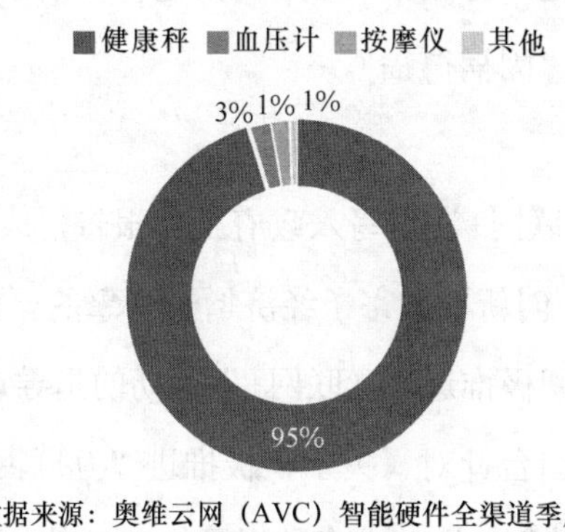

数据来源：奥维云网（AVC）智能硬件全渠道季度推总

图 11-17　2015 年中国智能健康市场产品结构

回顾 2015 年全球和中国智能硬件市场，尽管资本市场寒冬袭来，然而，市场不乏体重秤这类在 2015 年快速增长的品类，也不乏智能插座这样规模出现萎缩的品类。在全球经济复苏乏力、中国经济增速放缓已成事实的大环境下，智能硬件的总体规模保持了增长态势，实在是人类值得珍视的、时代演进过程中的礼物。

二、趋势展望：虚火终逝，协同奠基正当时

奥维云网分析认为，2016 年的当务之急是进一步夯实产业发展的各要素，产业各方协同推进社会早日进入智慧互联时代。

（一）产业发展的宏观环境总体向好

从行业环境来看，尽管中国经济的增速将进一步放缓，但智能硬件行业并不乏利好因素，如果从其他各要素来看，智能硬件行业甚至可说是“因祸得福”。

1．政策

2015 年“互联网+”被写入政府工作报告，成为国家战略，“大众创业、万众创新”被寄予经济增长引擎的厚望。7 月，国务院出台《关于积极推进“互联网+”行动的指导意见》；12 月，工业和信息化部出台针对《关于积极推进“互联网+”行动的指导意见》的行动计划，计划中多处提及智能硬件，明确提出在未来两三年陆续展开大数据、智能硬件相关领域标准的制定。由此可见，2016 年智能硬件企业从创业、生产到标准的制定等诸多

方面都有了国家政策直接或间接的支持。

2．经济

经济发展形势越是严峻，政府就越是要依赖已定的经济增长“双引擎”。电商与物流发展便利了新兴硬件的分销渠道，贷款利率的下降直接降低了智能硬件厂商融资的难度与成本。

3．社会

在政府的大力倡导与扶持下，一系列国际与本土创业服务机构如雨后春笋般在中国出现；大学生作为社会最活跃的群体，积极响应政府号召投身创新创业大潮。整个中国社会的创业创新氛围在悄然变浓。

新兴品牌互联网营销取得商业上的成功，改变了中国社会对新品牌和电商的认知态度。2012 年以来诸如小米、锤子、荣耀等智能手机公司的“苹果式”发布会和线上抢购活动吸引了中国社会的极大注意力，它们不仅在商业上各自取得了不同程度的成就，同时也提高了中国消费者和产业链上游对全新品牌的接受度，从而改变了中国社会对新品牌的认识，减小了智能硬件创业公司进入市场的社会文化阻力。

智能手机在中国接近“全民普及”的高渗透，持续培养年轻消费者智能终端的使用习惯，降低了中国社会对智能硬件产品使用的学习成本。

目前中国已进入老龄化社会，养老产业为中国智能硬件的创业提供了广阔的空间，激发了社会对夕阳经济的思索，吸引了更多资本与团队涌入，这当中不乏智慧养老硬件企业。

4．技术

“红色产业链”日渐崛起，从半导体等智能终端所需的核心部件、操作系统到智能制造，中国本土的技术实力获得持续积累；智能手机的规模生产降低了传感器与处理器等核心部件的成本；政府在全国各地大手笔投入建设大数据基地。从产品到以产品为载体的服务，中国在技术积累方面稳步推进。

（二）产业各方呼唤协同，用户需要精品

奥维云网分析认为，当前智能硬件产业的发展现状是产业端各要素有显著发展，但尚未实现协同互联；产品端急需一批经典单品。

奥维云网分析认为，截至目前，人类社会的演进经历了人类战斗力提升、人类群居习惯形成、手工业向机器生产转化、能量得以传输和数据得以传输五大阶段。每个阶段都伴随着革命性工具的出现。

第一阶段：工具制造提升人类战斗力，使得人类得以生存。

大约 250 万年前，人类通过石头、树枝、动物骨骼制作工具并在实战中使用，使得人类在残酷的远古时代，在与自然环境和猛兽的战斗中获胜，摆脱了饥饿。在漫长的进化过程中，人类偶然间吃到被自然界的火烧熟的动物尸体，品尝到熟食的美味。之后人类开始想办法将自然界的火种保存下来，维持火种不被熄灭。

第二阶段：人工取火使得群居习惯得以巩固。

人类围绕火种逐渐形成族群，火种的湮灭甚至伴随一个族群的消亡。距今 40 万至 20 万年前，在无数次打磨工具与转换栖息地后，人类发现了摩擦产生的火星，经过漫长的演进，最终找到了人工取火的方法，巩固了族群群居的习惯；由于火种得以持续保存，人类能够长期吃到熟食，寿命得以延长，族群得以进一步壮大。

第三阶段：能量生产使得手工业向机器生产转化。

经瓦特改良后的蒸汽机，在固定场所可提供强大动力，开启了大机器生产的时代，人类的生产力得以空前解放，人类社会开始加速发展。

第四阶段：电的发明与大范围使用使得能量得以传输。

1831 年，英国科学家法拉第发明发电机，从此热能、风能等多种形式的能量得以转化成可以存储、传输的电能，提高了生产效率，且电力的传输极大地促进了不同自然条件与地域的工业生产，人类进入电气时代。

第五阶段：二进制数的发明使得人类进入以信息传输为代表的互联网时代。

如今，我们身处互联网时代。从根本上来讲，互联网时代的来临，革命性的工具是二进制数的发明与应用。数的应用，使得信息得以自由传输。

从人类制造工具到通过信息控制能量驱动工具自主学习，进而围绕人类生命体验的提升而智慧化改造世界，每一次革命性的工具创造都引发了人类社会不同程度的重构。

基于对互联网时代特征的上述理解，奥维云网将智能硬件演进的终点描绘成如图 11-18 所示。

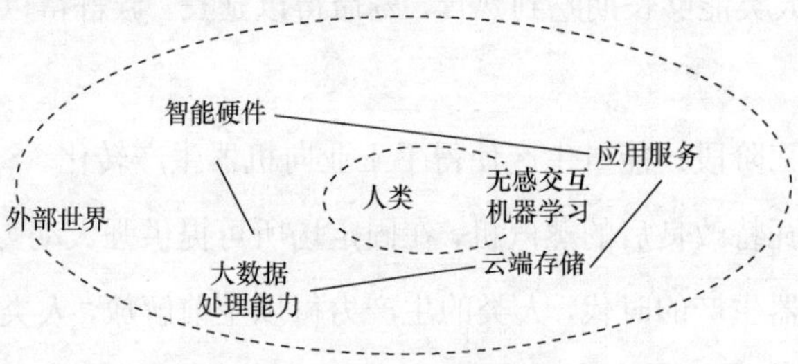

图 11-18　智能硬件演进终点示意图

奥维云网结合行业定性访谈分析认为，未来智能硬件将沦为触点与平台，其背后基于大数据与机器学习智慧化地提供服务将是价值创造的重心。

从智能硬件演进的终点倒推，奥维云网将智能硬件产业发展的相关核心要素划分为产业端和用户端，进而搭建起智能硬件演进趋势预测体系。图 11-19 所示为智能硬件演进趋势预测体系。

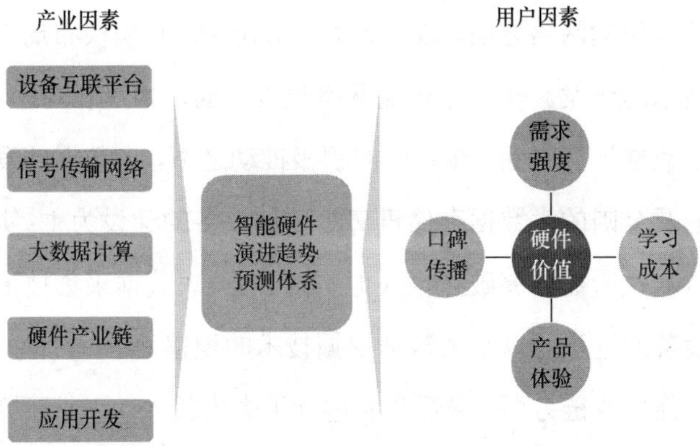

图 11-19　智能硬件演进趋势预测体系

奥维云网的产业因素分为设备互联平台、信号传输网络、大数据计算、硬件产业链和应用开发；用户因素以硬件价值为中心，分为需求强度、学习成本、产品体验和口碑传播 4 项核心要素。

根据这一预测体系，对各项要素进行发展情况盘点。

首先是产业端，奥维云网分析认为，当前智能硬件产业的发展现状是产业端各要素有显著发展，但尚未实现协同互联。

设备互联平台方面，可喜的发展包括：苹果 Homekit、京东微联、海尔 U+等一大批设备互联平台在逐步完善，各自的生态圈出现雏形。实现硬件智慧互联所需突破的瓶颈：①各自品类内互联解决方案的稳定性、可靠性的提升；②跨品牌、跨国家设备智慧互联标准的打造。

信号传输网络方面，政府大力倡导降费，并积极布局下一代通信技术的研发。在信号传输网络建设方面，情况相对乐观。

大数据计算方面，在政府的积极推动之下，大数据的发展目前以遍及全国的大数据存储机房等硬件设备的建设为主；实现硬件智慧互联所需的突破包括（但不限于）：大数据采集技术、标准、设备的进步，以及大数据挖掘技术的积累等。

硬件产业链方面，尽管政府进行了大力投入，产业环境也有了持续改善，但是目前来看，无论是智能穿戴设备睡眠监测功能所需的传感器还是 VR 设备所需的强大音视频处理芯片，目前其硬件需求都并未得到很好的满足。

应用开发方面，应用程序依附于智能硬件才会发挥价值。目前依附于智能硬件的应用程序数量可观，但使用体验有待提升。

综上，目前智能硬件产品尚处在启动阶段，产业各层面都面临诸多待解决的难题。基于对上述因素的梳理，奥维云网认为，2016 年，智能硬件产业的协同融合将难以出现。

首先，需求强度。需求强度是指产品通过解决用户痛点，为用户创造的价值大小。目前来看，并未出现满足用户刚性、高频需求的经典单品。

其次，从用户的学习成本来看，同一品类不同厂商的单品使用都有不同。

再次，在产品体验方面，通过较为粗糙的单品兜售服务概念的企业不在少数；企业花费大量资源和精力用于围绕产品的购买体验方面的研究，而对于产品使用体验方面，投入和经验积累还远远不够。

最后，口碑传播。口碑传播涉及产品品类选择和产品品质打造两个方面。首先，在智能硬件产业发展初期，易于口口相传的产品更有机会发展壮大，例如手环和手表，文章前面已经提到其可“show”属性，企业或可选择此类产品突破；其次，企业在打造产品时，对产品品质的把控本该格外严格。然而从2015年的市场来看，不仅有大量企业进入诸如插座等相对难以实现口碑传播的入口级品类，而且有大批企业推出品质不可靠、用户评价与使用体验都极差的易实现口碑传播的产品，以致损害了整个品类在用户端的印象。

（三）2016年产业端最有可能实现显性突破的是经典单品

奥维云网分析认为，产业各要素的协同发展急需跨品牌、跨品类、跨国家的顶层设计，且需要多年的持续努力。与产业端各要素的提升相比，更易收到立竿见影效果的是用户端各要素的提升。

奥维云网认为，智能硬件单品的发展将经历3个阶段：单品培育期、单品成熟期、多品互联期（见图11-20），而当前智能硬件的发展尚处于单品培育期。

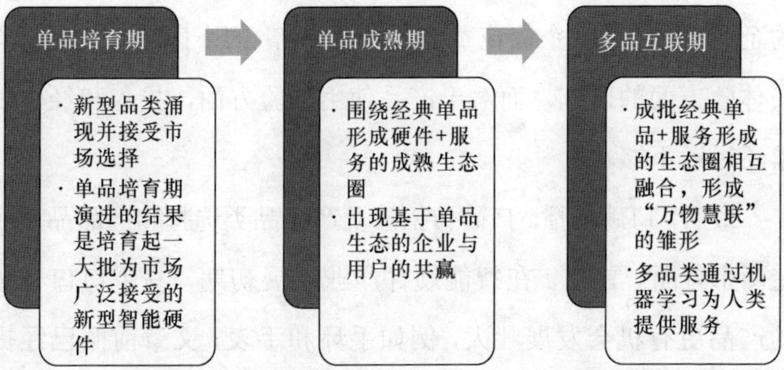

图 11-20　对智能硬件单品发展 3 个阶段的判断

单品培育期（2014—2018 年）：在单品培育期，智能硬件单品涌现，并将接受市场自由选择的严酷考验。经过市场洗礼，将涌现出一大批为市场普遍接受的新型智能硬件，融入到人类的社会生活中去，人们变得习惯于使用这些单品。

单品成熟期（2019—2022 年）：在单品成熟期，在单品培育期涌现出来的新型经典硬件中，部分产品将开始形成硬件+服务的成熟生态圈，并实现企业与用户的共赢。

多品互联期（2022 年以后）：在多品互联期，成批出现的单品+服务成熟生态圈相互融合，形成“万物慧联”的雏形；人类开始享受到基于物联网和云计算，多品类通过机器学习为人类提供的各种智慧化协同服务。

在单品培育期，奥维云网分析认为，行业将主要解决单品产品体验提升、互联标准规范、大数据服务 3 个问题。具体到 2016 年，奥维云网认为产业的主要任务是协同奠基，潜心打造一批广受市场认可的新型智能硬件。

（四）打造经典单品，需要注意 3 个风向

奥维云网认为，打造经典单品应关注如下 3 个风向。

1. 打造经典单品，重点应放在硬件本身而非大数据服务

从 2015 年的市场情况来看，市场上诸多创业公司以插座品类入局智能硬件行业，以期能够占领入口开展大数据服务，待到 2015 年下半年资本市场遭遇寒冬，一大批创业公司经营困难。一方面，它们的单品体验没能给用户带来颠覆性的良好体验；另一方面，它们没有价格优势，因此难以获得更大的市场份额。硬件销售不成规模，大数据服务便无从谈起。因此，奥维云网认为，2016 年创业公司经典单品的打造，应回归硬件本身的产品使用体验。只有硬件自身的体验做好了，才有可能在当前巨头林立的智能硬件行业脱颖而出。

2. 打造经典单品，应以开放的心态与产业各方加强协同

企业打造经典单品应加强与现有硬件平台的协同。一方面，有不少平台可以为企业提供从产业链、融资到销售的创业服务，智能硬件创业团队可能获得实惠；另一方面，应从产品设计到使用场景等诸多方面与平台方进行沟通，如有可能，可同时与多个平台合作，以争取到最多的资源，并对自身企业所属的细分行业

的相关技术与标准的发展有深入理解。

3．打造经典单品，应充分考虑产业链资源配套

奥维云网分析认为，2016 年的经典单品将使用已量产、上市的成熟芯片、传感器。经得起市场考验的经典单品需要有可靠的性能和精妙的产品定位。目前已成熟的品类诸如腕带、摄像头等，在上游芯片、处理器以及配套终端方面都有可靠的积累。从国家层面来看，在 2019 年前，智能穿戴产品的各项标准或将成熟。奥维云网分析认为，2016 年，在智能穿戴领域出现经典单品是大概率事件。

相反，对于 2016 年的产业热点，诸如 VR、AR，以及无人驾驶汽车、机器人等，由于对上游配件要求高、技术有待市场检验，不可否认会大热，但这些品类尚难以获得各层次用户的普遍认可，不过过热或将难以避免。奥维云网分析认为，上述品类的创业公司将在 2018 年迎来倒闭潮。

综上，奥维云网认为，智能硬件市场在 2016 年将不可避免地迎来诸如 VR、AR 等新型品类过热的情况，产业关注度将持续上升，经过两三年的市场考验之后，这些领域或将出现垂直领域经典单品，同时也将伴随着大批企业被市场淘汰。而智能硬件产业的当务之急，从产业端来讲，是开展产业各方协同共进的顶层设计，为整个产业的繁荣搭建平台与机制；从用户端来讲，企业需潜心打造经典单品，以卓越的使用体验扭转用户对智能硬件

产品的认知。总结起来就是：虚火终逝，协同奠基正当时。

（五）2016 年市场预测

奥维云网认为，在全球经济复苏乏力、中国经济增速持续放缓的大环境下，2016 年中国智能硬件的市场规模将微降 3%，达 4101 万部。

从细分产品来看，判断如表 11-1 所示。

表 11-1　　细分产品情况

<table>
<tr><th>产品</th><th>2016 年演进趋势判断</th><th>产业因素</th><th>用户因素</th></tr>
<tr><td>智能穿戴</td><td>产品进一步细分</td><td rowspan="3">相关标准开始制定，传感器与芯片技术发展</td><td rowspan="3">功能实用性、可靠性不足</td></tr>
<tr><td>智能健康</td><td>专业市场将获发展，但规模有限</td></tr>
<tr><td>智能家居外设</td><td>产品功能多元化</td></tr>
<tr><td>新兴硬件</td><td>VR 在中国的销售将强势增长，AR 领域或将迎来新品</td><td>巨头的拉动，上游芯片技术的突破</td><td>需求旺盛</td></tr>
</table>

奥维云网预测的各品类 2016 年零售量如图 11-21 所示。

奥维云网分析认为，智能健康产品在 2016 年将增长 10.5%，这主要得益于中国社会对健康的持续关注以及专业医疗领域的智能终端对消费级智能终端的拉动。

2016 年智能机顶盒将下降 4.2%到 1162 万部，这是由于中国的盒子市场进入规范期，盒子对于消费者而言使用价值下降，成本上升。

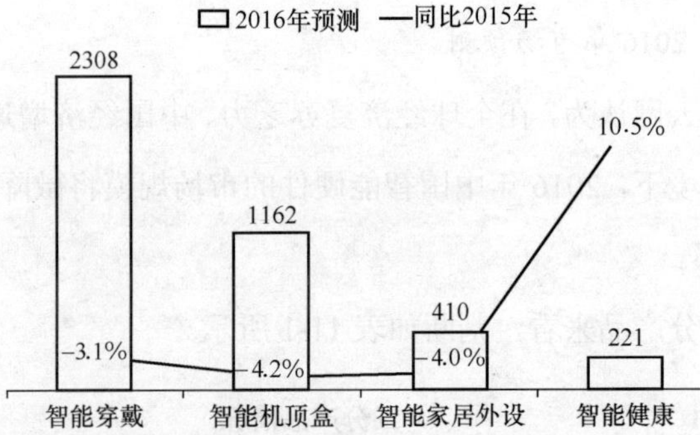

数据来源：奥维云网（AVC）智能硬件全渠道预测（单位：万部）

图 11-21　2016 年中国智能硬件零售规模预测

智能家居外设品类零售量将下降 4.0%到 410 万部。此类产品将在 2016 年提高产品性能可靠性。零售量下降最为明显的可能是插座产品，不排除有加入诸如耗电量智能监控等新功能的插座产品冲击经典单品的地位；智能家居外设品类中，智能音箱产品增长态势明显。

智能穿戴产品预计规模将下降 3.1%，达 2308 万部。2016 年，智能手环的零售量将有明显下降，降幅或达 80 万部之多，减少的品牌将主要是国内品牌。同期，FITBIT 等国际智能穿戴巨头或将在中国市场崭露头角，腕带产品的均价被拉高是大概率事件。

VR、AR 产品被划分为智能穿戴品类，预计 VR 眼镜、头盔在 2016 年的全年零售量将达到 70 万部，可抵消智能手环的零售量下滑。AR 产品尚处于概念期，估计在中国的零售量不会超过 10 万部。

此外，对于备受关注的智能车，奥维云网对其 2016 年的表现看好。预计中国市场被加入自动驾驶技术的汽车占比将会明显上升，但无人驾驶汽车在中国成规模上路，或起码需等到 2019 年。受益于智能车概念的热炒，2016 年智能车载市场看涨。

对于智能平衡车，奥维云网分析认为，2016 年将成为该品类是逐渐湮灭还是发展壮大的分水岭，国家层面或将出台针对平衡车的管理办法和相关标准。

对于智能机器人，2016 年或将在高级酒店、机场等公共场所投入使用，具有智能语音识别与应答功能的入门级家用机器人产品有望以玩具级价格进入寻常百姓家。

2016 年已经开始，让我们共同期待智能硬件市场为我们准备的一份份礼物吧！

来源：奥维云网（AVC）　胡雪冬

第三篇

产品与技术创新

12. 彩电新型显示技术发展趋势解析

我国视像产业顺应时代发展潮流，进入以数字技术、平板显示、节能环保、产品与内容融合为发展契机的产业调整和转型升级新阶段。电视产品的形态具备三大功能：具备大屏幕、高清晰度和高色彩还原的显示能力，具备各种流媒体资源的获取以及兼容共享能力，具备交互式服务的互动能力，从而成为三屏合一的多功能、多媒体、智能信息显示终端。

以 LCD、OLED、激光投影为代表的新型显示器件是电视、电脑和手机等显示终端的核心部件，是智能终端的重要产品形态。显示技术的发展推动着电子信息产业的升级，促进了整机企业的转型与技术进步。另外，电视、电脑、通信显示终端向平板化、网络化、绿色化、智能化、个性化等方面转型与升级，产品向更精美、更节能、更轻薄、更人性、更便利、更经济方向发展。在此背景下，上游面板企业及整机品牌企业在显示技术上集中在功能、性能以及价格等方面开展全方位角逐。预计未来显示技术还将向几个方向发展：①大屏幕、宽视角；②高画质、高清晰度、高色域；③3D 技术的进一步深化；④产品工艺形态升级（窄边框、无边框、曲面、更轻薄、简约设计）；⑤绿色环保节能，低耗电量、更低成本；⑥技术迭代向柔性显示和激光显示发展。

技术的领先可以演变为应用的领先，而应用的领先则直接转化为不断扩大的市场份额。LED 背光源液晶电视是目前消费者主要使用的类型，OLED 和激光电视等新型显示技术的电视产品逐渐受到消费者的关注。本文就我国新型电视终端的显示技术、市场发展态势进行分析评价，结合对消费者的需求调研，提出笔者的观点和看法，有利于引导行业发展，满足消费者需求。

一、新型电视显示技术发展趋势分析

根据显示方式的不同，彩电可以分为阴极射线管电视（CRT 电视）、液晶电视（LCD 电视）、等离子电视（PDP 电视）、投影电视和有机发光二极管电视（OLED 电视）；其中 LCD 电视又根据背光光源的差异，分为 CCFL 背光 LCD 电视和 LED 背光 LCD 电视（LED 背光 LCD 电视包括侧入式背光和直下式背光两种）。根据彩电成像面形状的不同，又有微显示投影（分为 HTPS、LCD、LCoS、DLP 光机投影）电视、曲面电视、柔性电视等。根据彩电清晰度的差异分为标清电视（SD TV）、高清电视（HD TV）、全高清电视（FHD TV）、超高清电视（UHD TV）。近年来，各家品牌企业凭借自身优势，开发并利用新型显示技术产品，促进整体彩电市场产品结构的升级，市场上新型显示技术产品层出不穷，4K UHD 量子点电视成为市场亮点并将覆盖高中低端市场；国产品牌开始在市场投放 OLED 电视；激光电视研制和产业化将成为电视行业新亮点；曲面工艺将搭载其他显示技术上市，很多彩电品牌将它作为主要卖点进行推广，成为市场新的增长点。下面，将对 UHD 电视、量子点电视、激光光源的短焦距 DLP 投影电视（企业宣传名称“激光电视”，以下简称“激光电视”）、LCoS 背投影电视及 OLED 电视等新显示技术分别进行介绍。

（一）UHD 电视

UHD（Ultra-High Definition，超高清晰度）电视是比 FHD（Full High Definition，全高清）电视级别更高的数字电视格式，它是指电视的物理分辨率达到 3840×2160（4K×2K）及以上，通过芯片解码同等分辨率的片源，同时也可兼容 1080P 的全新一代高分辨率电视，分为 4K UHD 和 8K UHD 两个层次。2012 年年底，固有分辨率达到 3840×2160 的 UHD 电视开始在国内市场出现，也称为 4K 电视。UHD 电视的分辨率是 FHD 电视的 4 倍，在标准观看距离下，画面的垂直视角和水平视角都有了大幅提升。

UHD 电视还将系统的红（R）、绿（G）和蓝（B）三基色色度坐标选到了可见光谱色轨迹上，色域覆盖率较 HDTV 系统有所增加。UHD 电视大多采用 10 比特或 12 比特两种编码格式。与 FHD 电视相比，UHD 电视可以带来更细腻、更逼真的图像，更强临场感和更精确的视觉信息，为平板电视技术的发展开启了新篇章。

UHD 电视的显示效果除了与显示面板的固有分辨率息息相关之外，还与视频接口、驱动接口、芯片图像处理能力、运行配置等要素相关，其显示性能还有很大的提升空间。

（二）量子点电视

量子点电视是 LCD 背光源矩阵利用量子点发光二极管（QLED）的纳米技术的电视。量子点是一种采用前沿技术的纳米材料，其晶粒直径在 2～10 纳米之间。量子点的光电特性很独特，当它受到电或光的刺激，会根据量子点的直径大小，发出各种不同颜色的非常纯正的高质量单色光。量子点显示技术的优势表现在色域覆盖更广、色彩控制更精准、红/绿/蓝色纯净三大方面。

（三）激光电视

激光电视是利用半导体泵浦固态激光工作物质，产生红、绿、蓝 3 种波长的连续激光作为彩色激光电视的光源，通过电视信号控制三基色激光扫描图像的一种电视产品。

其基本原理是由光机发出激光射线，通过色轮染色后投射到 DMD 芯片上，经过 DMD 的反射和折射，通过超短焦镜头，最后由镜头照射到屏幕上，经屏幕反射后形成完整图像，进入到人的眼球。

激光电视有两种形态，典型模式为投影式和扫描式。投影式激光电视主要由超短焦激光投影机和显示屏幕构成，超短焦激光投影机包括三基色激光光源、光学引擎和超短焦镜头等部件。扫描式激光电视类似于传统电视的逐行逐点扫描模式，但不同于液晶显示的背光显示方式，是将蓝色激光头集成一束作为光源，通过激光轰击涂在屏幕内部的红、绿、蓝各色荧光粉构成的像素，以显示出图像。

激光电视具备以下特点：高色域、高亮度、100 英寸或者更大屏幕、4 米观看距离、节能护眼、临场感强、影音效果震撼、高性价比等。详见表 12-1。

表 12-1　激光电视与大屏 LED 背光源液晶电视、传统家用投影机对比

指标	激光电视（100 英寸及以上）	大屏 LED 液晶电视（85 英寸及以上）	传统家用投影机（80～100 英寸）
光源	激光光源	LED 背光光源	高压汞灯
光源寿命	25000 小时以上	30000 小时以上	2000～3000 小时
色域覆盖率	82%	62%	68%
分辨率	1080P	4K×2K	XGA（1024×768）
亮度	250 坎德拉/平方米	350～400 坎德拉/平方米	100 坎德拉/平方米
护眼环保	反射式成像，图像柔和，环保护眼	直射式成像，高亮刺眼	反射式成像，环保护眼
功耗	420 瓦	600 瓦	275 瓦
屏幕面积	2.85 平方米（100 英寸）	2.07 平方米	2.85 平方米（100 英寸）
投射比	0.23 超短焦	/	2 以上

续表

指标	激光电视 （100 英寸及以上）	大屏 LED 液晶电视 （85 英寸及以上）	传统家用投影机 （80～100 英寸）
最佳观看距离	4 米	6 米以上	5 米
观看环境	全天候可正常观看	全天候可正常观看	必须在黑暗环境观看
音响	外置 5.1 音响	内置扬声器	无
观影效果	临场感强，色彩丰富	临场感差，色彩一般	临场感强，色彩一般
智能功能	智能电视系统	智能电视系统	无电视机功能
价格	7 万元，含音响和屏幕，700 元/英寸	10 万元，1170 元/英寸	2 万元，另配音响和幕布

（四）LCoS 背投影电视

LCoS（Liquid Crystal on Silicon，硅基液晶）技术指基于硅基 CMOS 芯片反射的液晶显示技术。利用超高压汞灯、卤素灯、LED 灯、激光等光源，通过集光系统照射 LCoS 面板，将面板的影像经反射或透射，再经合光系统，最后透射到屏幕上。LCoS 背投影电视也叫硅基背投电视，是一种基于反射模式的矩阵液晶显示装置（这种矩阵采用 CMOS 技术在硅芯片上加工制作而成，像素的尺寸一般可以做得很小，开口率高达 96%）。

LCoS 显示技术具有以下优势。

高分辨率：由于下基板的材质是单晶硅，拥有良好的电子移动率，而且单晶硅可形成较细的线路，因此比较容易达到高分辨率的面板。LCoS 可以轻易做到 1080i 以上的分辨率。

低功耗：LCoS 器件的光利用效率很高，大部分入射光都能被利用。

无辐射：由于机身里没有电磁偏转元件和高压元件，所以 LCoS 背投影电视没有辐射，对人来说非常安全。

（五）OLED 电视

OLED（Organic Light-Emitting Diode）电视即有机发光二极管电视。OLED 显示技术具有自发光的特性，OLED 的基本结构是由一薄而透明具半导体特性之铟锡氧化物（ITO），与电力正极相连，再加上另一个金属阴极，包成如三明治的结构。整个结构层中包括：空穴传输层（HTL）、发光层（EL）与电子传输层（ETL）。当电力供应至适当电压时，正极空穴与阴极电荷就会在发光层中结合，产生光亮，依其配方不同产生红、绿和蓝三基色，构成基本色彩。具体可参考图 12-1。

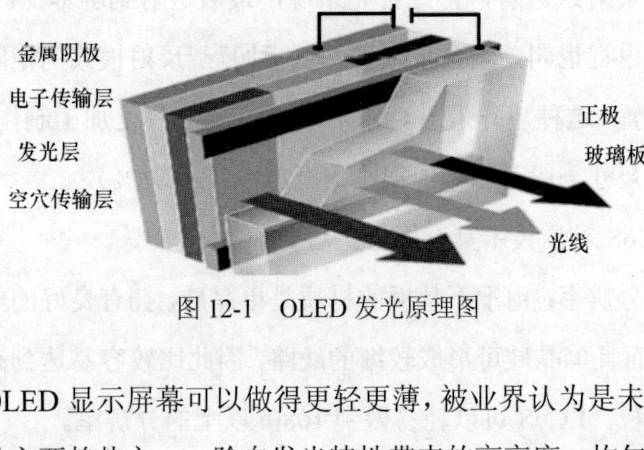

图 12-1　OLED 发光原理图

OLED 显示屏幕可以做得更轻更薄，被业界认为是未来电视发展的主要趋势之一。除自发光特性带来的高亮度、均匀性特征之外，OLED 电视还具有以下优点。

（1）面板厚度可以小于 1 毫米，仅为 LCD 面板的 1/3，并且重量更轻。

（2）属于固态结构，没有液体物质，因此抗震性能更好。

（3）视角更大，在大视角下观看，画面失真小。

（4）低温特性好于 LCD，在零下 40 摄氏度时仍能正常显示。

（5）能够在不同材质的基板上制造，可以做成能弯曲的柔软电视。

二、新型电视显示终端关键要素

（一）显示特性之分辨率

显示设备固有分辨率大小是影响显示画面清晰程度的基础要素。随着平板技术的发展，平板显示设备的固有分辨率大幅提升，已经实现 3840×2160 显示，开始进入 7680×4320 显示时代。平板显示的像素越来越小，越来越细腻。目前的超高清显示主要以液晶显示为主，超高清显示具有大屏幕显示的特点。随着液晶面板技术的发展，高分辨率显示已不局限于大屏幕尺寸，部分 50 英寸以下尺寸也能实现超高清显示。

此外，不同面板企业生产的超高清显示屏具有不同的技术特点，虽然固有分辨率均达到 3840×2160，但在色彩表现、运动补偿、画面层次、视角表现和节能性能等方面会有所差异，这与产品的其他关键部件有重要关系。

（二）显示特性之色彩表现

显示画面的色彩表现会直接影响消费者观看的效果。色彩表现主要有两个方面的因素：一是显示画面色彩种类的多少，即色域覆盖率；二是色彩还原性，即还原真实色彩的能力。

色域覆盖率用于表征电视产品显示图像时，显示色彩的多少。色域覆盖率越高的产品，其可显示的颜色越多，色彩越丰富。电视呈现的色域覆盖率差异主要与产品的彩色滤光片有关，它是一种表现颜色的光学滤光片，是液晶显示产品彩色化的关键零部件。选取好的彩色滤光片，可显著提升色域覆盖率参数。

色彩还原性用于表征电视产品还原真实色彩的能力。自然界的颜色丰富多彩，经广播电视系统采集、编解码、发送，再经电视的接收、解调、解码后，以还原自然界的各种色彩。但不同产品的还原能力是有差异的，这与产品使用的解码芯片、算法和彩色滤光片有关。

（三）驱动电路和芯片

面板固有分辨率的提升是超高清显示的基础，要真正实现超高清显示还需配备相应的驱动接口和芯片。常用的驱动接口有两种，一种是传统的 LVDS 接口，另一种是 V-by-One 接口。LVDS 是一种低压差分信号技术接口，LVDS 支持的最高数据传输速率为每对 1.05 吉比特/秒。而 V-by-One 的最高数据传输速度为每对 3.75 吉比特/秒，支持刷新频率 240 赫、色彩 12 比特。如果采用 LVDS 处理 30 比特色彩（每个色彩 10 比特）、240 赫的数据，将需要 96 根（48 对）LVDS 信号线。所以越来越多的显示屏采用 V-by-One 接口作为驱动接口。

芯片是超高清电视实现真正超高清画质显示的重要器件，主要完成图像解码、上变换和显示等功能。目前超高清电视基本采用双芯片的处理模式，一个芯片负责图像处理，另一个芯片负责运动补偿。如采用 HDMI1.4a 接口，最大帧频只支持到 30 赫，而人眼感知画面抖动的最低频率是 50 赫，也就是说，帧频低于 50 赫的画面，人眼可感觉到明显的画面抖动。要改善这一现象，需要将帧频上变换至 60 赫或 120 赫后显示。帧频上变换需要使用运动补偿芯片来实现，与传统平板电视的倍频功能类似，在两帧图像之间加插一帧运动补偿帧，将帧频提升。图像处理芯片除具有图像解码功能外，还可以实现图像格式上变换，将 1920×1080 格式的图像通过运算、估计，上变换至 3840×2160 进行显示。上变换技术有主芯片内置和外挂处理芯片两种实现方式。

4 核及以上处理器且内置 4K 解码芯片，搭载 Android4.2 及以上版本操作系统是 4K 电视所应具备的必要条件。4 核处理器具备强大的电视运算核心和控制中心以及图形处理能力，能实现流畅的画面显示和应用、游戏运行。而先进的 4K 解码芯片能够独立处理多个任务，达到单任务高效、多任务无损的效果，以确保超高清信号从输入、解码到显示的全通道、超高清、无衰减处理，真正实现超高清画面完整显像。据了解，目前众多芯片厂家陆续推出具备 4K 处理技术的芯片，例如 MTK、MStar、Amlogic、海思半导体等。

（四）运行配置

超高清电视要处理 4K 画面，数据率较高，而且目前大多数电视都具备智能功能，所以电视还需要基本的运行配置，以支持超高清图像数据处理。运行配置主要是指对 CPU、GPU 有一定的要求。CPU 和 GPU 至少均应为多核高性能。目前较多采用的是双核 CPU、双核 GPU，而 GPU 的显存等效频率和显存位宽也很重要，例如显存等效频率采用 1800 兆赫或 1600 兆赫，显存位宽采用 32 比特或 64 比特。

超高清电视都具备操作系统。操作系统是电视终端软件平台体系的核心，它向下能够适配电视底层硬件系统发挥终端的基础功能，向上能够支持应用软件向用户提供好的体验。独立的操作系统包括智能电视硬件驱动程序、智能电视操作系统内核、系统库和开放式应用程序接口。操作系统负责智能电视系统的全部软硬件资源的分配和调度工作，控制协调并发活动；它能够通过装卸某些模块来达到系统所要求的功能。目前，在市场上主流的操作系统有谷歌公司开发的Android系统、微软公司的Windows系统、苹果公司的iOS系统以及一些企业自建的操作系统。大多数超高清电视采用了开放式Android系统，搭载Android系统的电视在和其他设备之间的兼容性方面有一定的优势。

（五）图像处理能力

图像处理可以有效改善电视产品的画质，通过一定的算法，结合集成电路和芯片技术，实现数字处理，提升电视产品的图像质量，包括液晶电视的拖尾现象等通过图像质量处理会得到有效改善。主要的图像处理功能包括：①去隔行，将隔行扫描信号转换为适用于电视的逐行扫描信号；②图像格式变换，包括分辨率、幅型比等变换，对信号源和显示进行匹配；③图像增强，如提升亮度和对比度、色调调整、噪声消除、黑阶延伸、锯齿处理、色彩增强等；④拖尾消除，采用倍频插帧、MEMC（运动估计和运动补偿）等技术。

三、新型显示上游产业现状及发展趋势

（一）全球面板产业现状及趋势

（1）2014年，全球电视面板出货2.46亿片，同比增长4.6%。受大尺寸拉动，全球电视面板出货面积达到11700万平方米，同比增长11.5%。整体出货量变化详见图12-2。

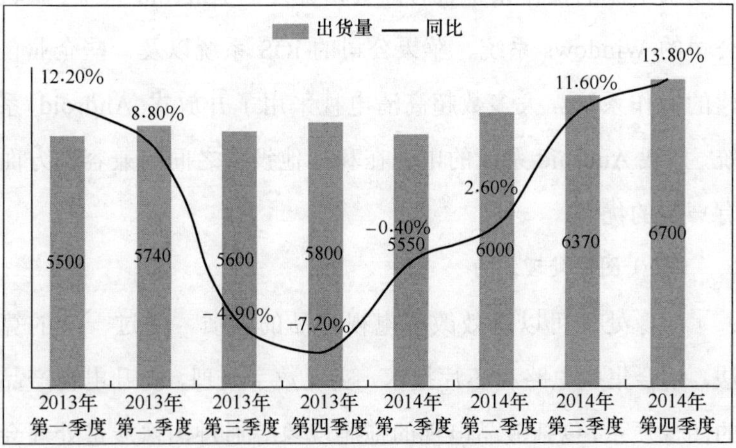

图表数据来源：CEIC

图 12-2　2014 年全球电视面板出货量变化（单位：万片）

（2）全球电视面板虽有新产能陆续释放，但由于大尺寸化的影响，整体出货规模增速放缓，2015 年规模达到 2.59 亿片，同比增长达到 5.3%。

（3）因 32 英寸面板盈利能力低等因素，2014 年伊始面板企业即减少 32 英寸产能规划，造成节点前缺货；同时 39 英寸与 39.5 英寸尺寸切换造成产能损耗，带动 40 英寸及 42 英寸缺货。从 2014 年 4 月份开始，32 英寸面板价格止跌，39～42 英寸面板价格全线回暖，涨幅在 1%～2%。从需求方面来看，由于 2014 年第一季度整机企业库存水位偏低，五一备货需求持续，再加上海外世界杯效应拉动，带动第二季度面板需求超出市场预期。详见图 12-3 和图 12-4。

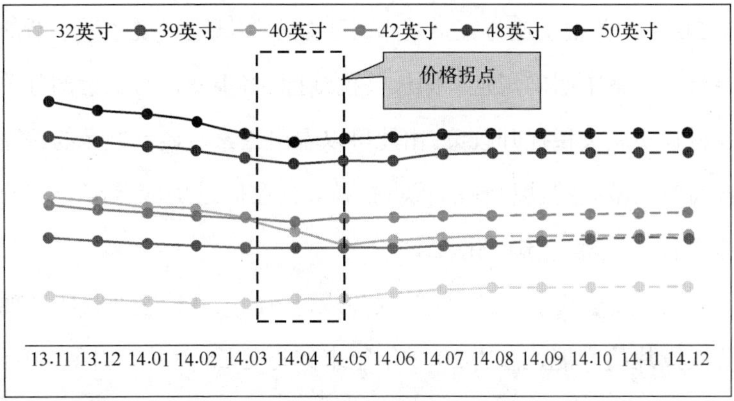

图表数据来源：CEIC

图 12-3 2014 年面板价格变化

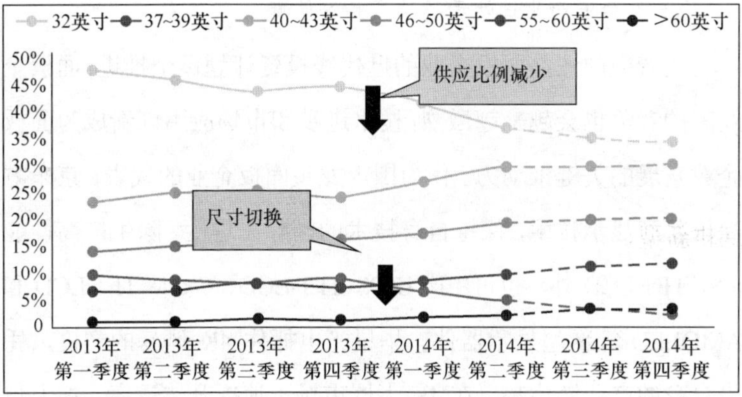

图表数据来源：CEIC

图 12-4 2014 年面板尺寸段供应占比

（二）液晶面板产业重心逐步向中国转移

（1）政府重点扶持上游关键性材料。2013 年年底财政部公布 2014 年关税实施方案，其中对于显示领域进口税率做了新的调整。方案中明确规定，面板关税维持 5%不变，对上游部分关键材料实施关税提升政策。由此可以看出国家对显示领域的关注转向对上游关键性材料的重点扶持，意在促进供应链配套产业的完善，培养“国产化”。

（2）随着几条 8.5 代线陆续建成，中国大陆地区 8 代线玻璃基板投片的产能，将从 2013 年年末的每月 25 万片上升到 2015 年年末的每月 67 万片。这意味着两年内，中国 8 代线产能的提高幅度将超过 260%，中国面板自给率大幅提升。

（三）面板产业正处于高端产品发展期

随着中国液晶面板企业的世代线投资计划逐个推进，面板企业间的竞争也会越来越激烈，技术进步和市场应用创新成为面板企业发展的关键推动力。作为国内龙头面板企业的代表，京东方深耕新型显示技术，保持自身技术的国际先进性。除生产高性能 a-Si TFT-LCD 外，也可生产 LTPS TFT-LCD、Oxide TFT-LCD 和 AMOLED 等新型显示器件。华星光电抓住 4K 风暴的契机，凭借自身的产业链优势，在 4K 大屏市场迅速提升渗透率，加大与 TCL 以外其他品牌企业的合作，拓展面板出海口。

来源：中国电子视像行业协会

13. 行业新宠量子点电视将成液晶终极产品

随着液晶显示技术的不断升级创新，终端显示呈现多元化发展。在下一代显示技术未能市场化、规模化运作的同时，量子点技术无疑再次焕发了液晶显示技术新的生命力，成为企业的又一追逐热点，引起整个行业的广泛关注。

一、量子点技术开发方向及应用

近期，量子点技术逐渐被应用到电视显示上面。现阶段开发方向主要有以下 3 种："On-chip"方式、"On-edge"方式及"On-surface"方式。

其中，"On-chip"方式是将 Quantum Dot Phosphor 封装到 LED 上，但由于其自身的稳定性及寿命等问题，此方式尚不能实现量产。"On-edge"方式是将量子点密封在细玻璃管中并安装在背照灯导光板的 LED 光入射部，虽然可节约量子点原料，但因其设计会增加机身厚度，一定程度上影响了美观。"On-surface"方式是将量子点薄膜（QDEF）贴在背照灯与液晶面板之间，容易嵌入，但成本较高。企业将结合自身规划推行不同方式的量子点产品。

二、量子点技术的最大优势在于色彩表现优秀

“On-surface”方式中的量子点薄膜，由 3M、Nanosys、QDvision 等公司经过多年研究，逐渐应用于 LCD 背光源上。当蓝光穿过时，部分蓝光被转换成绿光和红光，以此补充原白色 LED 中绿光及红光波长不足的缺点，从而获得满意的色彩表现。Color Gamut 可以由普通产品的 72%NTSC 提升至 100%NTSC。另外，除色彩表现优秀外，由于量子点的效率比较高，还可以增加背光亮度，节能环保。详见表 13-1。

表 13-1　Color Gamut 一览表

面板	普通 LED	LED（RG粉/RG粉+CF）	QD（量子管/QDEF）	OLED
Color Gamut	65%～72%NTSC	72%～90%NTSC	100%～110%NTSC	100%～124%NTSC

数据来源：奥维云网（AVC）整理

三、量子点电视成新宠，先锋企业领头推动

奥维云网（AVC）认为，量子点将被冠以“液晶显示终极进化技术”，成为高端产品的又一标签。目前整机厂商对量子点技术均保持密切关注态度，个别先锋企业将在年初的 CES 展上推出自家的量子点电视。三星在 2015 年持续推进 LCD 技术升级，

规划与 Nanoco & 陶氏化学合作，采用量子点膜技术， 2015 年上半年推出 55 英寸及 65 英寸两个尺寸的量子点背光电视；LG 2015 年优先推广 OLED，而量子点技术则策略性搁置，但仍将与 QD Vision 保持密切合作；TCL 选用与 QD Vision 合作的量子管技术，目前已经陆续上样 55 英寸 UHD 量子点电视 H9700 系列；海信对于量子点技术的态度也比较积极，未来将与 3M 合作，选用较为成熟的量子点膜，布局量子点背光电视领域。另外，长虹等其他知名企业也在持续跟进这一技术。

四、量子点电视将成为 LCD 显示技术的终极产品

LCD 液晶电视发展到现在，经历了背光源类型从 CCFL 到 LED 的转变，分辨率从 HD、FHD 到 UHD 的提升，外观工艺从厚到薄、从直到曲的变身，最终发展到色域 NTSC 的提高。量子点成为完美展现高色域的又一技术升级。

由于量子点原材料成本较高、量子点产品的生产制程要求严格、产出良率较低等原因，目前 QD LCD 模组的成本较普通 LCD 模组高 30%以上。奥维云网认为，在技术推广的前期阶段，供应及成本仍为瓶颈，很大程度上影响量子点电视的市场容量及市场价格，因此短期内量子点电视仍将为高端形象代言。

量子点技术应用到电视中，结合成本及生产制程等方面，目前最优的解决方案是选用贴附量子膜方式。但就目前来说，量子

点技术无论是作为背光，还是直接作为显示屏，其技术都有待于继续完善，提升产能、有效进行无镉化、延长使用寿命等问题均需上下游各界的不懈努力。奥维云网认为，OLED 仍将为下一代的显示技术，而未来量子点显示一旦技术成熟，将作为当代液晶电视的终极形态展现。未来几年，或将迎来量子点显示的大变革。

来源：中国 OLED 显示产业联盟　刘丽娜

14. 电视更聪明 渐成家庭娱乐中心

当越来越多的年轻人把娱乐时间献给手机和平板电脑时，电视开始绝地反击。在“把消费者拉回客厅”这场无烟的战役中，智能电视起着至关重要的作用。如今的电视已经不再单纯是看广电节目的工具，同时也是上网、打游戏、看电影的综合性娱乐平台。

奥维云网（AVC）的数据显示，2014 年 10 月，智能电视销售量为 111.6 万台，在平板电视中的渗透率为 63.3%，环比提高 3.2 个百分点。智能电视的渗透率已经连续 14 个月保持在 50% 以上，且增长势头不减。

2014 年，彩电智能化趋势不断深化，硬件上有创维搭载国产电视芯片的突破，软件上康佳易柚、创维酷开等在安卓平台上再创新的操作系统也赢得了市场的好评。

一、软硬件创新一个都不能少

早在 2010 年前后，“智能电视”的概念就已经被提出并被业界广为接受。经过数年的发展，如今智能电视已成为各大彩电厂商的重点发展方向。2013 年 10 月，彩电巨头长虹更是宣布停止非智能电视的生产。

彩电厂商之所以减少非智能电视的研发、生产，重点发力智能电视产品，主要是因为消费者经过了几年的培养，对智能电视的认可度大为提升。另外，年轻的“80 后”“90 后”早已离不开电脑、手机等智能产品，当他们逐渐成为电视消费的主力时，智能电视的需求潜能将进一步释放。

不过，经过几年的爆发式增长，市场需求已基本持稳。“智能电视市场已经步入成熟期，将保持稳健增长的态势。”奥维云网零售研究事业部彩电行业分析师王中正表示。

随着“宽带中国”政策的持续推进，到 2015 年城市网络带宽提高到 20 兆比特/秒，农村网络带宽提高到 4 兆比特/秒，这将为智能电视的进一步发展奠定扎实的网络连接基础。

此外，互联网企业或介入硬件生产领域或与传统制造企业合作推出智能电视产品。这些举措将持续改善智能电视的内容。视频资源和 4K 内容资源库的进一步充实，将使智能电视更具吸引力。

电视智能化程度的提高，芯片的发展至关重要。从 2013 年下半年开始，康佳电视便不断搭载高性能芯片，从而大幅提高智能电视的运算、运行速度。康佳先后在 2013 年 7 月和 12 月发布旗下的 8 核、10 核产品。

在康佳举办的“10 核 4K 创视纪”电视新品发布会上，康佳方面表示，该公司已构建了“一芯二翼”的4K电视产业极智战略架构，“一芯”指的是核芯，“像”由“芯”生，从最先升级到8核，再跃进到10核。强大的10核（4核CPU+6核GPU）运算能力将能更快速处理4K庞大的像素点信息，确保4K电视画质的完美呈现；“二翼”分别指的是4K的显示技术体系和极智的软件集成系统，“二翼”专注于用户的视觉与智能体验，其中4K显示技术体系包括极清屏、4K解码、4K引擎等，而极智的软件集成系统包括智慧看、Android4.3、闪联智控等。步入2014年，10核电视已经成为康佳的主打产品，取得了非凡的市场业绩。

2014年8月20日，创维在北京举行主题为“见证奇G的时刻”发布会，推出了GLED系列4K超高清电视。该系列产品最大的看点是搭载了首款具有自主知识产权的国产智能电视芯片。创维此举改变了我国彩电业“缺芯少屏”的尴尬状况，打破了西方国家的技术垄断。

除了硬件方面的创新，彩电企业还在安卓的平台上积极改进操作系统，形成了自有品牌的操作系统。康佳的易柚、创维的酷开是其中的典型代表。笔者在家电卖场中注意到，创维的电视产品上会贴有“酷开系统”的标签，可见该系统已经被创维视为卖点之一。

二、智能电视渐成家庭娱乐中心

智能电视的竞争已经进入 2.0 时代。曾经一段时间炒得比较火的 3D、多屏互动、语音控制等概念逐渐落伍，2014 年电视 OTT 行业最火的概念是“游戏”。

根据奥维云网（AVC）的数据显示， 2014 年年底智能电视已超过 6000 万台。其中对智能电视功能的期待，有 84%的用户选择在线视频，53%选择体感类游戏，而云功能和手势识别则分别为 37%和 31%。激活率方面，中智盟 2014 年年初发布的产业数据显示，智能电视的激活率为 64.5%，即 100 台电视里就有 65 台智能电视，这个数据比起 2012 年增加了 30%。

Gameloft 中国区总经理 Alix 表示，2016 年全球电视游戏市场将达到 279 亿美元。全球有 45%的人在玩游戏，超过 32%的付费应用是游戏，每个人平均会玩游戏一小时。智能电视销量的飞速增长对游戏而言是一个巨大的机会，因此要在硬件、内容、计费模式上做好充分准备。TCL、康佳、三星纷纷为旗下的智能电视增加了新的游戏功能，推出专门的游戏电视。同时，电视电商产业也不甘示弱，积极布局电视端业务，其中阿里联合创维推出电视网购模式、芒果 TV 联合快乐购进军互联网电视购物领域。某智能电视应用市场负责人表示，以前是他们到处去找 APP，现在是互联网公司主动找上门来。

康佳在 2014 年 8 月与腾讯游戏合作推出腾讯游戏电视，旨在打造家庭互联娱乐中心，抢占布局电视“第一屏”终端。此后又与微信合作，通过手机微信和电视进行完美的互通互联，用户通过“康佳智能电视”微信公众号即可将手机中的照片、语音、视频等内容分享到电视上。

2014 年 9 月，TCL 在北京举办“超乎想象 TV+家庭娱乐电视——第一台连接微信的电视”发布会，宣布为旗下的 TV+家庭娱乐电视进行应用功能增值，实现微信互联功能。这款产品让手机化身为五合一遥控器，用户可通过微信“说一说”“摇一摇”完成遥控操作。

2014 年 10 月 13 日，创维与华为推出酷开荣耀 A55 电视，该款电视除了也支持微信与电视互动、弹幕吐槽外，最大的亮点就是“三无”——无遥控、无开机界面、无接口。

2014 年，各大彩电厂商在功能上进行了微信连接、弹屏、社交分享等诸多创新，使电视更加“聪明”，而越来越聪明的电视也愈发显示出其家庭娱乐中心和智慧家庭中枢的特殊定位。

来源：奥维云网（AVC） 张呈正

15. 2015 年“中国好电视”解决消费选购难题

当前，我国彩电制造业已经成为具有全球竞争力的产业之一，彩电年产量约占全球总产量的 60%，中国市场成为全球最大的单一市场。其中，国内彩电品牌市场占比超过 80%，最新显示技术应用、智能化普及程度也为全球最高，在全球彩电 10 大品牌中中国品牌占据了半壁江山。随着智能电视的加速普及，彩电产品已经转变为集广播电视、互联网视频、教育、游戏、多屏互动、智能家居等多功能于一体的家庭大屏幕终端，消费者的行为也从被动看电视转变为用电视、玩电视。

智能电视如今已经跃升为炙手可热的消费电子类产品，深受消费者的喜爱。但是，品类繁多的彩电产品，也让消费者在选购时感到有些无所适从；随着技术更新换代的不断加快，消费者与生产企业间信息不对称，也对消费者选购符合需求的产品造成影响。因此，消费者需要正确、专业、客观的引导，从行业角度由第三方组织利用权威的数据体系、丰富的专家团队、专业的产业研究等资源，通过对产品的全面测评，选择出优秀的彩电产品。中国电子视像行业协会将充分发挥行业资源优势和专业平台作用，帮助消费者合理选购优质产品，同时进一步强化行业自律，创造健康可持续发展的竞争环境，构建企业展示优秀产品的重要平台。

一、2015 年“中国好电视”评审工作

“中国好电视”是中国电子视像行业协会倾力打造的、中国最权威、最具影响力的彩电产品推荐平台，由中国电子视像行业协会向全社会正式公开发布。

第一期“中国好电视”评测推荐工作历时半年，主要基于高端旗舰、高性价比、热门畅销 3 个维度对当前市场上的主流产品进行全面的评测。评测和审定工作由中国电子视像行业协会组织独立进行，包括技术审查、产品测试、消费者体验、第三方市场数据分析等，再由评审工作组邀请行业专家经过初审、复审和终审，最终确定了入围 2015 年“中国好电视”的产品型号，详见表 15-1。

表 15-1　　2015 年“中国好电视”入围型号及类别

品牌	型号	入围类别
TCL	Q55H8800S-CUDS	高端旗舰
创维	65S9300	高端旗舰
创维	65G9200	高端旗舰
康佳	OLED55X90P	高端旗舰
长虹	55Q2C	高端旗舰
LG	55EG9200	高端旗舰
三星	UA88JS9900JXXZ	高端旗舰

续表

品牌	型号	入围类别
三星	UA65JS9900JXXZ	高端旗舰
海信	LED65XT910X3DUC	高端旗舰
海信	LED55XT910X3DUC	高端旗舰
TCL	L55H8800A-CUDS	高性价比
TCL	L55C1-SCUD	高性价比
创维	55G7200	高性价比
创维	49G7200	高性价比
熊猫	LE48D19S-UD	高性价比
康佳	QLED55X80U	高性价比
长虹	55Q2N	高性价比
LG	55UF8400	高性价比
海信	LED65K5500U	高性价比
海信	LED55K5500US	高性价比
TCL	L55H8800-CF	热门畅销
TCL	L55E5800A-UD	热门畅销
创维	55E6200	热门畅销
熊猫	LE39F51S	热门畅销
熊猫	LE32D58	热门畅销
康佳	LED55G9200U	热门畅销
长虹	55U1	热门畅销
LG	55UF6800	热门畅销
三星	UA55JU5900JXXZ	热门畅销
海信	LED58K700U	热门畅销

二、“中国好电视”集中体现彩电行业热点、反映技术发展趋势

所谓中国“好电视”，就是具备卓越的硬件性能、出众的应用功能、完美的外表和良好的用户口碑的彩电产品，一方面必须满足彩电品质的各类硬性指标，另一方面必须获得消费市场的青睐和认可。2015 年的“中国好电视”将成为消费者最真实可靠的“彩电购买指南”，让消费更有意义，让购买更有价值。

“中国好电视”推广工程不仅备受媒体、消费者和业界同仁的关注，还将成为彩电行业优秀产品的集中体现。这一推广工程通过对本年度我国市场上彩电产品的盘点和梳理，全面展现了国内外的市场热点与未来技术的发展趋势。当前，多数消费者对电视的最新显示技术、丰富多样的应用功能，以及越来越大的屏幕尺寸关注度还不够，这也对协会的工作提出了进一步要求，未来协会将更多地从交互体验、智能化应用、更新显示技术等方面进行产品评测，服务市场需求、服务消费者。

来源：中国电子视像行业协会

第四篇

行业热点聚焦

16. 中国电子视像行业协会与 HDMI 特许公司在中国建立新型合作共赢关系

中国电子视像行业协会（以下简称“视像协会”）和 HDMI 特许公司于 2015 年 12 月 3 日宣布双方已建立具有深远影响的合作关系，并致力于保证 HDMI 许可行为在中国的规范性和公平性，促进和扩大 HDMI 技术在中国的使用。在中国国家发展和改革委员会的监督与指导下，经过充分沟通和协商，视像协会和 HDMI 特许公司将就如何高效且恰当地在产品中使用 HDMI 技术与现任以及将来的使用者进行沟通和合作，为中国所有 HDMI 授权使用者以及中国消费电子产品行业的发展带来益处。

该项合作将有利于 HDMI 许可行为的规范性和公平性，并将进一步促进和扩大在中国产品上使用 HDMI®技术，给中国产业和 HDMI 特许公司合作共赢带来新的战略机遇。

协议的主要内容如下。

- **联合为中国 HDMI 授权使用者举办研讨会**：视像协会和 HDMI 特许公司为中国 HDMI 授权使用者联合举办一系列研讨会，从而开始执行上述新协议。研讨会将为中国 HDMI 授权使用者提供有关如何执行《采用的商标和徽标使用准则》（以下简称《商标使用准则》）的官方培训，以帮助他们在将来有资格获得最优惠的许可费率。此外，在该会议上，双方还将向授权使用者介绍和说明视像协会与HDMI特许公司所达成的协议的其他重要方面，并将借此机会征求中国HDMI授权使用者有关如何明晰《商标使用准则》的建议。

- **明晰《商标使用准则》**：HDMI特许公司将努力明晰《商标使用准则》的适用规则，并将在此过程中与视像协会合作。

- **许可费审查与审计方面的合作**：视像协会和HDMI特许公司将共同合作，从中国HDMI授权使用者处或者其他信息来源处获取数据。HDMI特许公司将会同视像协会解决中国HDMI授权使用者审计过程中所存在的任何问题。

- HDMI特许公司将取消中国HDMI授权使用者不得向其他HDMI授权使用者主张其可能持有的任何必要请求权之义务。

- 中国HDMI授权使用者将被允许对其仅在中国销售的许可产品自行测试，以使其产品满足《HDMI采用者协议》中所规定的有关兼容性测试的全部要求。

- HDMI特许公司将向视像协会提供一份现有的必要专利清单，并负责今后对该清单的更新。

- 对于2011年1月1日至2014年12月31日期间未付的许可费将经视像协会和HDMI特许公司同意，适用于降低的许可费率。

• HDMI 特许公司将在培训项目、新技术推广和其他项目上与视像协会积极合作，务求能支持 HDMI 授权使用群体，促进中国产业的健康发展。

“本协议的内容代表着中国音视频产业和 HDMI 公司之间双赢的局面”，视像协会副会长兼秘书长郝亚斌先生解释道。HDMI 特许公司新任总裁 Rob Tobias 也表示：“本项协议为我们与中国授权使用者之间的继续合作开辟了一个新的篇章，将使中国消费电子产品行业获益良多，并将继续扩大 HDMI 规格的使用。”

关于 HDMI 特许公司

HDMI 特许公司是负责许可 HDMI 规格的代理机构。HDMI 规格可以将未经压缩的高清晰度视频、多通道声频以及数据结合到一个数字接口中，以通过单根线缆提供清晰的高质量数字传输。HDMI 特许公司提供有关 HDMI 规格的市场营销、市场推广、许可和行政服务，并就 IIDMI 规格所能带来的效益而为采纳者、零售商以及消费者提供培训教育。有关 HDMI 规格的更多信息，可访问 www.hdmi.org。

来源：HDMI 特许公司

17. 创维 GLED Air：回归用户需求引领时代前沿

随着电子行业的迅猛发展，电视产品已从单纯的显示终端过渡为影音终端及娱乐终端，从“计划型”电视节目过渡为“市场型”点播节目，内容端供求关系和娱乐端供求关系发生了质的变化，回归用户需求，即对软硬件及内容平台资源进行整合，以精品内容为用户打造精致生活。

用户需求来源于设计需求与可感知需求两个维度，互联网时代几乎将资源平台与价格平台推平，产品同质化越来越明显，契合用户需求程度则愈发重要。创维 GLED Air 系列即回归用户需求的产品，纤薄机身引领时尚前沿，超高配硬件引领技术前沿，超快系统、丰富内容引领消费者超快感体验前沿，通过全方位产品理念将极客精神展现得淋漓尽致。

一、至轻至纤　清爽设计为视觉加分

纵观行业内智能电视的形态，超轻薄和曲面占据了高端电视的主流市场，横向比较手机和电脑行业可以看出，超轻薄是整个电子行业的主流，而三星双曲面屏手机与曲面电视异曲同工，最大的亮点只是在与众不同的外观。在用户实际体验方面，曲面电视的可视角度及漏光等问题虽然愈发突显，但其凭借差异化外观，为消费者带来了一种新奇的感官体验。两种外观形态主要在设计及制作工艺上有所差别，而论制作成本，曲面 LED 电视则只是在背板上制作成弯曲状，屏体未做加工，制作成本较低，而超薄电视在背光模组及各种光学膜片的间隙和厚度上均有缩减，其工艺更加精细。轻薄的工业设计在移动设备上以便携和美观为亮点，而近些年更是向着大板方向发展（如 iPhone 6plus、三星手机、小米 Note 等），电视行业的主流亦是如此，简易清爽的工业设计必然在美观及实用性方面更符合消费者需求。创维 GLED Air 系列产品秉承简约设计理念，G7200 拥有 7.9 毫米超薄机身、Art5 的无边设计及纯白色外壳，在客厅如同工艺品一样精致。

二、至清至真　回归电视影音本质

音质和画质是电视最本质的需求。在画质方面，各品牌在色彩饱和度（广色域技术，包含量子点技术、荧光粉技术、彩色滤光片技术等）、亮度（DBEF 膜、4 色 4K 屏）、对比度（Local Dimming、矩阵控光）等方面均投入大量技术资源；在音质方面，专业级音响（如 JBL、哈曼卡顿音响）及外置重低音让声音的还原程度与以前相比有大幅度提升。创维极客电视在影音方面具有独特的技术亮点和与众不同的设计风格，因 GLED Air 机身的超薄设计使得背光与电视屏幕间的距离很短，同时加入 D-BEF 膜及采用优质导光板，进一步提高了光效利用率，采用原装 LG Display 公司的 4 色 4K 屏体让白色纯度及亮度都有很大提升。色彩饱和度方面，与含镉化物的量子点电视不同，G7200 采用节能环保的无镉广色域灯珠，在保证色彩自然鲜亮的同时，还最大限度地降低了屏体辐射，可缓解视觉疲劳，对人体和眼睛不会造成伤害。

随着人们对生活品质要求的逐渐提高，对音乐的需求越来越大。普通超薄电视在音质方面牺牲严重，而市面上绝大多数电视品牌未将无源重低音接口作为产品标配，重低音的损失对于音质还原来说是致命的，这就意味着整个电视行业在专业音质发展方面仍处于过渡阶段。创维 G9200 音响采用前置发音的美国 JBL 音响（2 个高频扬声器、4 个全频扬声器），G7200 采用美国顶级半导体供应商 TI 的功放芯片，均支持无源重低音扩展，用户可根据需要配备个性化专业音响，充分满足用户对音画质方面的各种需求。

三、至顷至快 64 位极速配置引领行业前沿

创维在电视行业率先采用64位芯片及64位自主研发的电视系统——酷开系统，让电视行业全面进入位数时代。对于手机和电脑而言，由于软硬件发展迅速，64 位芯片及系统在如今已成为

绝对主流，硬件升级带来的软件革命是必然的趋势。在运行速度方面，64 位芯片具有巨大优势，使系统的运行效率成倍提升，同时还意味着在下一次硬件升级时，能突破 4GB（吉字节）内存的限制，可以释放更多内存，让整个系统在运行各种大型应用程序过程中，依然流畅自然。

目前市面上的绝大多数电视品牌均采用 Android 4.X 系统（32 位），因 Android L 为 64 位系统，32 位芯片无法兼容该系统，而创维率先采用了 64 位芯片方案，使得系统、应用得以全面升级，同时向下兼容 32 位应用，稳定性和兼容性更强。从 64 位系统的优势来看，它是未来运行大型应用程序的基础。由于通过智能电视玩大型游戏的潮流刚刚兴起，智能电视的硬件配置、软件开发历程与电脑、手机相比均有滞后，但这个趋势不会改变。随着大型电视游戏的普及，硬件上的革新必然是位数上的革新，而非核数上的简单叠加。64 位所带来的便利与高效必然会是未来发展的主流。

四、至捷至简　酷开系统所见即所达

系统是电视的灵魂核心，目前市面上以 Android 系统为主流，三星推出的 Tizen、WebOS 等系统均为 Linux 内核开发的系统，采用卡片式设计。但使用什么系统或者底层并不是用户的主要关注点，他们的关注点在于交互体验、系统流畅度及逻辑架构是否简洁清晰。卡片式设计主要来源于苹果 OS X 系统的 DOCK 设计，将常用应用放置于同一平面中，使屏幕简洁且易于寻找，但这种设计分类性极其不明显，有时应用与应用间毫无逻辑关系。酷开系统深度优化 Android 底层，对开机、运行及界面等均进行深度优化，运用横纵两个维度操控的设计理念及悬浮 UI 界面，在任何操作情况下都不会打断电视本身节目的观看，并且一级目录和二级目录可同时显现，一目了然，可以说是兼顾实用性与美学特性的系统。在 Android L 系统公布后，创维研发团队迅速将酷开系统升级为 64 位系统，并且完美兼容 Android L，配合 64 位芯片，将 64 位系统的高效表现发挥得淋漓尽致。友好界面和极快操作是决定系统体验的关键，酷开系统完美整合二者，用便捷和简洁来诠释用户体验。

五、至精至美　整合精品资源　打造极客的体验

在内容端，各个品牌通过不同方式整合后台资源，企图用海量内容来“轰炸”消费者的感官，但往往适得其反，比如影视资源方面，用户通常只能通过搜索来寻找由其他途径而得知的影片，无法获取到精品资源。创维对资源进行重新定义与整合，集中力量打造 Geek · Life 精品专区，其中包括 Geek · Max、Geek · Box、Geek · Pod、Geek · Edu、Geek · Travel 等（分别为影视专区、游戏专区、无损音乐专区、教育专区、旅游专区等），进行重新

定义和归类，让专区里的内容经典、新潮。Geek・Max 为精品影视平台，内置电视派（手机与电视互联）、H.265 专区、杜比专区、4K 专区四大模块，在海量影视中寻找最佳影片，根据类别置入四大专区。Geek・Box 为精品游戏平台，内置 Geek 英雄、Geek 快手和 Geek 快投，针对红外通道、蓝牙通道和手机 Wi-Fi 通道投屏类游戏打造全通道游戏平台。Geek・Pod 为精品无损音乐平台，内置无损音质的 4K MV，更有海量高清 MV 和高清演唱会平台，将音质和画质表现得淋漓尽致。Geek・Edu 提供从胎教到成人等年龄段的教育内容，Geek・Travel 则为家庭提供集体周边游项目。专区类平台将影音、游戏及与日常生活息息相关的各方面贯穿起来，在繁杂的资源中寻找精品，减少垃圾资源对人们选择造成的障碍，为用户带来既便捷又符合用户体验的精品。

新时代的智能电视已不在单一维度延伸，而是在多种维度共同延展，在软硬件及内容端完备的基础上，还要兼顾用户对资源的筛选与分类，一切回归用户需求，即从用户出发，根据用户体验来将需求关联（需求互联），形成多维度的“面”，满足用户各个方面的需求。在互联网时代，一方面要从小而美的定制化体验入手，这体现在内容端、精品专区端和 APP 端；另一方面要从大数据需求入手，根据信息反馈集中某些方面制定满足大多数用户的共性需求部分，如电视机工业设计、UI 界面等，在共性与个性相结合的基础上，形成自身风格，达到一种需求的回归与人性的回归，符合目前高速变化的市场特点。

创维在共性与个性方面相互融合，GLED Air 系列即符合用户需求并融合用户共性倾向喜好的产物。以人为本、以健康为本的理念贯穿创维制作产品的始终，从用户需求出发，将产品做到极致，做到理念上的回归和功能上的回归。

来源：深圳创维-RGB 电子有限公司

18. 消费观念有变 营销策略紧跟

国内家用电器类产品市场，在 2007 年全球经济危机爆发后的几年间，步入一个快速的转型期，家电产品的普及不仅使得消费结构发生变化，更是冲击到消费理念的革命。

特别是近几年受到互联网思维的洗礼，消费者的消费观念和消费行为更是发生了颠覆性的革命，如果意识不到这一点，还是按照以往的传统思维去看待市场，不仅会感到市场难做，甚至会被市场清洗出局。

一、消费观念三大变

经济学理论告诉我们，经济发展水平带来的收入水平改善，是消费行为发生变化的基础。改革开放 30 多年后，人们的经济收入大幅增加。特别是进入 21 世纪后，中国经济一直保持两位数的增长，直至 2007 年全球经济危机爆发，中国仍然是全球经济增长最快的国家。

国民收入水平的大幅提高，物质供应的极大丰富和多样，促使国民的消费理念也随着发生了巨变，从而带来消费行为的三大变化。

第一，家电产品不再是保值财产。我们知道，在20世纪90年代之前，中国人眼中的家用电器不仅是奢侈用品，同时还具有财产保值的作用。在经过20多年的经济发展之后，当年的奢侈用品，在普通居民生活中的资产比重逐步降低，完全不再具有增值保值功能，成为当今生活的必需品，甚至成为赶时髦的日用品。在中心城市，家电产品的普及已经完成，更新需求已经占据主导地位。

第二，认知和购置产品的渠道增多。消费者以往认识一项新产品，基本上都是通过报刊、电视广告，或者是人们之间的口口相传。而现在认识和认知的途径已经更为多元化，有了比以往更为便捷的网络和移动终端。过去必须进店才能购物，而今天已经变为网购或者是移动购物，便捷程度是以前想都不敢想的。特别是“80后”，对网购和移动购物的依赖程度非常高，一些年轻人的生活用品已经全部实现上网购买。

第三，体验成为购买的重要途径。在物质供应紧张的过去，民众购物是没有更多选择的，供应商提供给市场什么商品，消费者没有选择的余地，就得按照商家的提供去购买，1989年甚至出现抢购商品的现象。进入到21世纪后，商品供应逐渐放开，家电产品逐步国产化。进入到21世纪10年代后，家电产品的普及开始进入高潮，彩电、冰箱、洗衣机已经基本普及。产能过剩成为家电制造业的一个特征，商品丰富则是家电市场的特征。

在商品极大丰富的基础上，消费行为不再是厂商提供什么就买什么，主动权已经转移到消费者一边，成为消费者需求什么，厂家就得生产什么、商家就得卖什么。在这一背景下，消费者的体验就成为购买行为落地的重要环节。

二、应对首当换观念

可以这样讲，很多人至今还不明白为什么会有厂家和商家一夜之间倒闭。其实，重要的一点就是他们还把现在当成商品短缺时代，完全还是“我厂家生产什么，商家就得卖什么，消费者就得买什么”的观念。这种思维观念主导下的厂家、商家，完全忽视消费者的地位转换，怎么能够满足当前的市场需求，不倒闭才是怪事。

不论是厂家还是商家，转换观念已经是刻不容缓，否则就算过去再强大，如今消费者不买你的账，还是要被市场无情地抛弃。这样的案例比比皆是，厂商不能再与市场的大趋势抗衡，顺应变革、转换思维才有未来。

（一）品牌推广不可缺失

在互联网时代，消费者获取信息的途径和平台实现了多元化，一些厂商就认为品牌已经不重要了。其实，这是一种极端错误的理念。正是因为现在的消费者获取的信息碎片化，消费者在碎片化信息中难以获取自己需要的，所以品牌的价值才凸显出来。目前，一种极端消费者行为正在走进人们的生活。极端消费者行为指的是消费者在自我约束上抛弃温和克制的一种行为。市场营销人员需要做出应变的策略，调整战术，以便保持消费者和品牌的联系。粉丝经济就是这种极端消费者行为的典型，品牌推广做得好，就能形成自己的强势粉丝阵容，就能像滚雪球一样把自己的品牌越滚越大。

（二）大数据应用开始落地

未来市场消费行为的数据量将会翻倍，隐私问题和品牌对消费者的干预将会成为消费者的核心问题。消费者对于能够调用他们数据的不明行为会变得非常警觉，企业将会面临数据匮乏的问题。因此，必须借助专业数据公司来帮助他们完成消费者行为的数字记录，但是仍旧要指出消费者希望他们所有的设备都能够彼此通信、信息同步。消费者对于连接状态的、无缝的共享需求将会帮助企业在数字隐私需求问题上进行平衡。

（三）新技术产品的不断更新

家电产品阵容是随着科技的发展不断扩容的，过去家电产品的阵容很简单，现在不但品类逐渐丰富，并且整体家电的概念已经兴起。家电产品已经与住宅建设、装潢装修、智能控制紧密联系起来。未来的家电商，将会是整体家电的提供商，“单打”模式已经不能满足消费者整体配置的需求。

因此，家电厂商一定要从这几个方面综合考虑未来的发展战略，跨界融合的案例将会越来越多，不转变观念，拒绝融合，被淘汰的概率会很大。

三、营销策略三板斧

营销转型其实不是一个小问题，而转变观念是转型的基础和关键，观念不转变很难有行动上的落实。营销转型确实很难，难就难在要破除以往的经验和既得利益，肯定会有很大的阻力。但是不在营销上进行策略的转变，肯定会被竞争对手抢得先机。

营销的战略策略调整，是一项建立在以往体系基础之上的行为，必须要切合当前当地的实际，也不是空喊几声口号，而是一项扎扎实实的系统工程。

（一）专卖店系统全面铺开

很多企业至今还没有把自己的专卖店系统建立起来，这是最可怕的一件事。因为专卖店系统是厂家最为稳定的渠道系统。格力之所以在空调领域说一不二，就是因为拥有自己可控的专卖店系统。如今，美的已经意识到了，才有了 3 年内建设 4000 家旗舰店的构想。如果其他厂家不在三、四级市场抢夺专卖店系统，迟早会被先知先觉的企业所灭掉。对商家而言也是如此，建立专卖店是给自己筑垒强大的城堡，厂家未来跟商家合作，基础就是专卖店。对商家来说，专卖店的数量和质量就是其最重要的砝码。

（二）线上销售不可或缺

线上销售近一年来突飞猛进已现端倪，将来会成为销售通路的一个重要组成部分。彩电是大件耐用品，2014 年年末线上的比例已经达到 16%以上，2015 年上升至 20%以上。空调虽然有售后服务的制约，但 2014 年线上的占比也在 8%左右，2015 年达到一成以上。就连格力这样对传统渠道特别依赖的品牌，也已经在 2014 年“双 11”期间主动上线，其他品牌就没有再犹豫的理由。

（三）再次，体验营销最为关键

对于消费者来说，现在的财富物质观已经发生质的变化，他们不再需要大量积累物质，而是要去积攒体验。随着互联网科技的发展，物质之间的界限逐渐模糊，人性在科技中的闪现受到了赞誉。因为消费者与科技和信息随时保持连接，可以说“80 后”永远“在线”。这种联系让他们持续地思考生活中每一件事的价值，特别是对任何新产品的体验。

而 O2O 体验营销模式的出现，是把这三者联系了起来。专卖店本身就是一个体验场所，线上、线下的相互引流形成互动，这样的话企业的营销就可以在现实基础上向互联网时代过渡。工业 4.0 时代的到来，赋予人们家庭生活更多的是乐趣，家电只是其中一个很小的部分，但却不可或缺。

来源：奥维云网（AVC） 张彦斌

19. 传统家电企业的垂直化电商之路

在电商的迅猛刺激下，为了在激烈的竞争中占据一席之地，各行各业的传统企业都在寻求突破。跨界经营、优化商业模式、创新渠道模式成为各行业占领战略高地的重要砝码。

随着消费者个性化、专业化、品牌化、网络化、知识化的消费需求及网购消费习惯的形成与日趋成熟，由某一细分行业或细分市场发起经营的专业化电子商务交易平台将迎来高速发展期，紧跟消费习惯的唯品会、聚美优品、凡客等专业化、纵深化的垂直电商模式将成为时代发展的必然。乐视、小米类新型互联网企业也已建立独家售卖自有产品的垂直电商模式平台。在用户为王的时代，这种专业性的电商模式借助自建平台，将其专业性与专注度传达给用户，实现圈用户进而运营用户的伟大蓝图，逐渐培养了忠诚的客户群。

传统家电企业在激烈的竞争中冲破重围的路径大致分为两种：一种是类似于最近大热的创维和华为联合开发推出新品，增强最本质的产品竞争力；另一种则是转型，渠道模式创新。而目前来看，传统家电企业虽建有网上商城，但是销售份额很小，仍然以传统实体渠道为主流售卖方式，同时借助淘宝、京东这种大型的综合化、多元化的电商平台进行产品销售。传统家电企业的实体渠道正在受到乐视和小米类互联网企业及电商企业的强烈冲击，而淘宝天猫及京东所提供的平台过于杂乱，不能很好地满足消费者的定向及专业化的需求，传统企业渠道转型迫在眉睫。因此传统家电企业的渠道模式优化是否可以借助于垂直电商这种模式实现？传统家电企业走垂直电商模式之路的优劣势分析如下。

一、传统家电企业自建垂直电商平台的优势

供应链整合能力相对强势。传统家电企业资金充足，有能力通过整合供业链——从上游采购原材料开始到产品出库进行下游配送，在降低渠道及仓储上的成本费用的同时，实现产品从消费者下单时刻起，由生产场地直接且快速配送到达消费者手中，并有厂配人员负责大家电的安装与维修，以专业化的手段解除消费者线上购买大家电的顾虑。

专业性较强。家电企业在自己垂直领域的专注及深耕，品类齐全的家电配置及在企业自营下，原班人马的贴心且专业的服务，能够实时响应消费者需求，便于为消费者的套购及关联购买提供一站式的服务。

线下渠道成熟。家电企业成熟的线下实体渠道将为其所

有线上和线下消费者提供客户体验及服务，无论家电企业选择线上向线下引流还是线下向线上引流，都将盘活整个家电市场。

二、传统家电企业自建垂直电商平台的劣势

线上用户资源抢夺先机已失。据统计，截至 2014 年 6 月底，中国网购用户规模达 3.5 亿人，而经营家电销售业务的强势综合化电商平台企业天猫和专业化的家电电商企业京东、小米、国美、苏宁的市场份额占据中国网购市场份额的近九成。采用何种营销方式、利用什么吸引消费者资源成为传统家电企业自建电商平台首先需要思考的问题。

产品重复购买率低。垂直电商因其专业性的限制，平台主要聚焦某一类产品，而家电产品采购周期长、重复购买次数少，无法形成持续的规模效应；平台用户黏性维持比较困难，只能通过持续吸引新用户来维持平台活跃性，从而推高了培养用户的成本。

传统家电企业在渠道转型时应把握好经济发展的大趋势，找准转型时机及发挥传统家电企业在垂直领域的专业性优势，深耕用户需求的渠道模式。传统家电企业借鉴小米和乐视的垂直电商模式与现有渠道相结合的模式，可以通过品牌联盟的方式，在保持平台品类齐全的前提下，丰富品牌类型、产品型号

及不同功能的产品，全方位满足不同消费者的购买需求，扩大客户群规模，解决平台产品重复购买率低的问题，提升平台活跃性。

来源：奥维云网（AVC） 肖家芳

第五篇

彩电数据发布

20. 2014—2015 年中国彩电产量数据

表 20-1　　2014—2015 年中国彩电产量分类一览表　　（单位：万台）

类别		1—2 月	1—3 月	1—4 月	1—5 月	1—6 月	1—7 月	1—8 月	1—9 月	1—10 月	1—11 月	1—12 月
彩电总体	2015 年	1763.97	2975.76	4245.08	5217.23	6304.06	7383.49	8755.79	10375.59	11646.78	13037.73	14475.7
	2014 年	1636.71	2847.33	411.31	5328.38	6422.64	7562.81	8803.15	10337.50	11518.03	12874.83	14128.9
	同比	7.78%	4.51%	3.25%	-2.09%	-1.85%	-2.37%	-0.54%	0.37%	1.12%	1.27%	2.45%
LCD	2015 年	1692.69	2766.22	3960.41	4885.67	5907.66	6930.46	8217.73	9729.99	10916.6	12223.69	14391.9
	2014 年	1431.25	2516.51	3994.76	5043.11	5954.01	6949.91	8167.62	9607.87	10719.31	12008.02	13866
	同比	18.27%	9.92%	-0.86%	-3.12%	-0.78%	-0.28%	0.61%	1.27%	1.84%	1.80%	3.79%
其他	2015 年	71.28	209.54	284.67	331.56	396.40	453.03	538.06	645.60	730.18	815.04	83.80
	2014 年	205.46	330.82	116.55	285.27	468.63	612.90	635.53	729.63	798.72	866.81	262.90
	同比	-36.66%	144.25%	16.23%	-15.41%	-26.08%	-15.34%	-11.52%	-8.58%	-5.97%	-68.12%	-65.31%

数据来源：行业统计数据

21. 2014—2015 年中国彩电出口数据

表 21-1　　2014—2015 年彩电出口量数据表　　（单位：万台）

分类		1 月	2 月	3 月	4 月	5 月	6 月	7 月	8 月	9 月	10 月	11 月	12 月
所有	2015 年	471.44	469.26	415.67	544.96	563.58	597.43	605.62	709.14	811.80	744.03	627.32	605.06
	2014 年	638.84	353.50	572.85	688.59	647.01	557.61	670.39	705.11	681.21	746.78	622.42	519.72
CRT	2015 年	31.55	24.35	11.92	24.86	32.02	30.96	24.41	20.32	22.22	19.91	20.46	19.37
	2014 年	47.28	17.35	36.21	44.40	55.35	48.30	57.23	44.05	38.51	39.90	40.35	33.67
LCD	2015 年	439.20	444.29	403.17	519.51	531.32	566.11	580.92	688.30	789.09	723.91	606.27	585.35
	2014 年	587.99	335.69	536.01	641.15	589.00	506.73	607.88	656.60	638.00	704.76	580.22	484.88
PDP	2015 年	0.46	0.45	0.58	0.40	0.23	0.35	0.24	0.27	0.30	0.10	0.31	0.08
	2014 年	2.57	0.15	0.21	2.68	2.02	1.07	4.85	2.71	3.85	2.10	1.75	0.79
其他	2015 年	0.23	0.17	0.00	0.19	0.02	0.01	0.05	0.25	0.19	0.11	0.28	0.25
	2014 年	1.00	0.30	0.41	0.36	0.64	1.50	0.43	1.75	0.85	0.02	0.10	0.38

数据来源：海关信息网

表 21-2　　**2014—2015 年彩电出口额数据表**　　（单位：万美元）

分类		1月	2月	3月	4月	5月	6月	7月	8月	9月	10月	11月	12月
所有	2015 年	85130.48	85119.06	75397.67	97623.90	103007.07	105893.77	104170.55	121858.06	143880.27	129260.44	105378.12	91705.80
	2014 年	111139.26	65197.52	104163.65	117114.59	110437.34	96111.50	129945.60	130314.46	128349.45	144720.36	120611.05	97055.17
CRT	2015 年	5154.94	3418.23	1567.63	2291.31	3762.44	4176.32	2432.30	1933.99	2254.46	2225.67	2767.24	3178.08
	2014 年	5592.54	2019.17	3398.99	4357.24	5864.58	6817.27	9202.32	5142.17	5262.59	4980.71	6461.17	5246.51
LCD	2015 年	79817.29	81513.40	73568.54	95128.07	99153.66	101623.73	101635.91	119858.97	141501.20	127000.19	102515.73	88415.94
	2014 年	104664.05	63121.81	100685.44	112105.28	104042.88	88948.38	119332.86	124308.19	121758.86	139065.97	113655.68	91431.20
PDP	2015 年	156.26	144.71	261.12	132.08	88.55	92.32	73.78	49.19	100.98	15.69	50.39	53.36
	2014 年	818.00	44.15	73.29	628.50	435.78	302.61	1379.43	809.63	1257.57	670.15	479.41	337.93
其他	2015 年	1.99	42.73	0.38	72.44	2.42	1.40	28.56	15.91	23.62	18.90	44.76	58.42
	2014 年	64.67	12.39	5.93	23.58	94.10	43.24	30.99	54.48	70.43	3.53	14.79	39.52

数据来源：海关信息网

22. 2014 及 2015 年中国大陆液晶电视面板月度购销规模

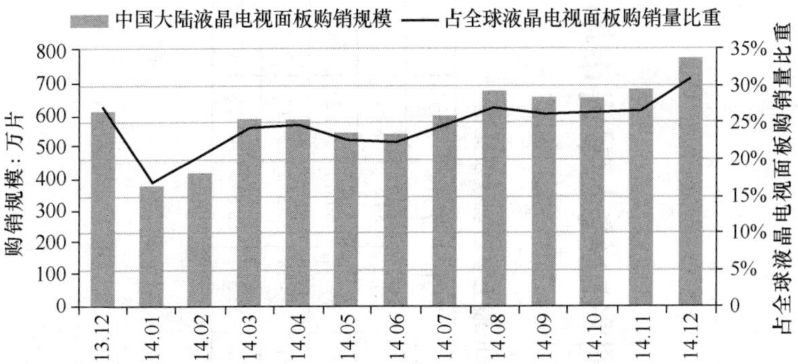

数据来源：奥维云网（AVC）

图 22-1　2014 年中国大陆液晶电视面板月度购销规模

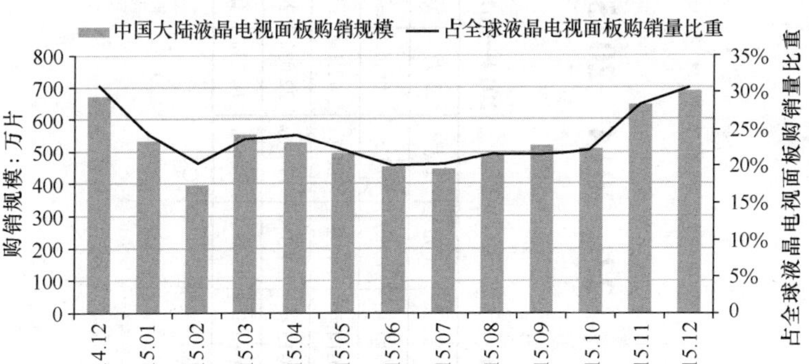

数据来源：奥维云网（AVC）

图 22-2　2015 年中国大陆液晶电视面板月度购销规模

23. 2014—2015 年中国彩电线上零售市场分析

表 23-1　　2014—2015 年中国彩电线上零售规模及比重　　（单位：万台）

分类		1月	2月	3月	4月	5月	6月	7月	8月	9月	10月	11月	12月
线上销量	2015年	104.1	71.3	66.8	73.7	78.9	121.2	84.8	87.1	115.6	101.2	236.2	160.1
	2014年	42.2	28.7	42.1	58.3	57.3	69.8	60.0	61.3	74.3	68.9	131.7	92.1
线上销量比重	2015年	21.5%	17.0%	22.0%	24.6%	24.0%	38.4%	27.3%	25.1%	26.2%	22.1%	47.7%	33.9%
	2014年	7.3%	13.4%	14.2%	18.0%	15.2%	23.3%	18.8%	17.1%	17.8%	14.5%	34.8%	22.0%

数据来源：奥维云网（AVC）

24. 2014 年中国彩电市场重点产品销量与渗透率分析

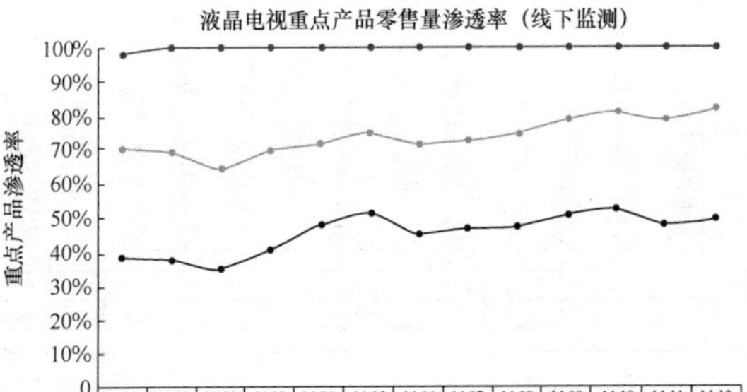

	13.12	14.01	14.02	14.03	14.04	14.05	14.06	14.07	14.08	14.09	14.10	14.11	14.12
LED电视	98.0%	99.9%	99.9%	99.9%	99.9%	99.9%	99.9%	99.9%	99.9%	99.9%	100%	100%	100%
网络电视	69.8%	68.9%	64.1%	69.2%	71.5%	74.4%	71.4%	72.4%	74.1%	78.2%	80.5%	78.2%	81.4%
一体机	38.1%	37.1%	34.5%	40.3%	47.2%	50.7%	44.9%	46.4%	47.1%	50.5%	52.1%	47.4%	48.9%

数据来源：奥维云网（AVC）

图 24-1　液晶电视重点产品零售量渗透率（线下监测）

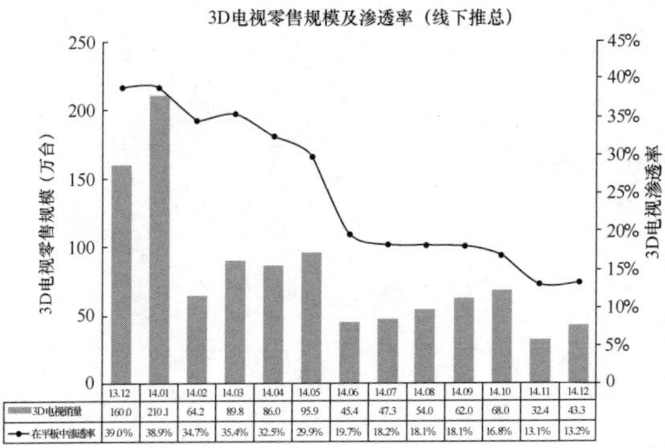

	13.12	14.01	14.02	14.03	14.04	14.05	14.06	14.07	14.08	14.09	14.10	14.11	14.12
3D电视销量	160.0	210.1	64.2	89.8	86.0	95.9	45.4	47.3	54.0	62.0	68.0	32.4	43.3
在平板中渗透率	39.0%	38.9%	34.7%	35.4%	32.5%	29.9%	19.7%	18.2%	18.1%	18.1%	16.8%	13.1%	13.2%

数据来源：奥维云网（AVC）

图 24-2　3D 电视零售规模及渗透率（推总）

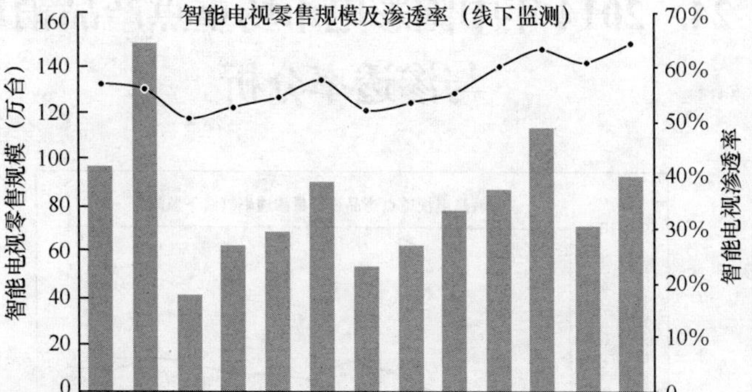

	13.12	14.01	14.02	14.03	14.04	14.05	14.06	14.07	14.08	14.09	14.10	14.11	14.12
智能电视销量	94.8	147.1	40.4	61.9	67.8	88.2	52.7	61.8	76.9	85.3	111.6	70.0	91.3
在平板中渗透率	57.2%	56.0%	50.5%	52.7%	54.6%	57.6%	52.2%	53.3%	55.2%	60.1%	63.3%	61.1%	64.6%

数据来源：奥维云网（AVC）

图 24-3 智能电视零售规模及渗透率（线下监测）

25. 2015年中国彩电市场重点产品销量与渗透率分析

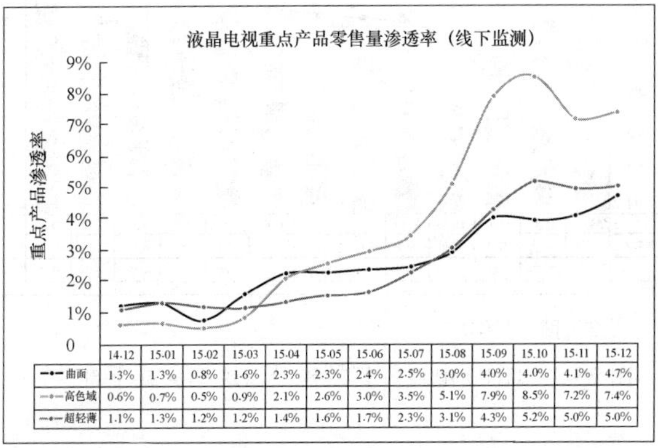

	14-12	15-01	15-02	15-03	15-04	15-05	15-06	15-07	15-08	15-09	15-10	15-11	15-12
曲面	1.3%	1.3%	0.8%	1.6%	2.3%	2.3%	2.4%	2.5%	3.0%	4.0%	4.0%	4.1%	4.7%
高色域	0.6%	0.7%	0.5%	0.9%	2.1%	2.6%	3.0%	3.5%	5.1%	7.9%	8.5%	7.2%	7.4%
超轻薄	1.1%	1.3%	1.2%	1.2%	1.4%	1.6%	1.7%	2.3%	3.1%	4.3%	5.2%	5.0%	5.0%

数据来源：奥维云网（AVC）

图25-1　液晶电视重点产品零售量渗透率（线下检测）

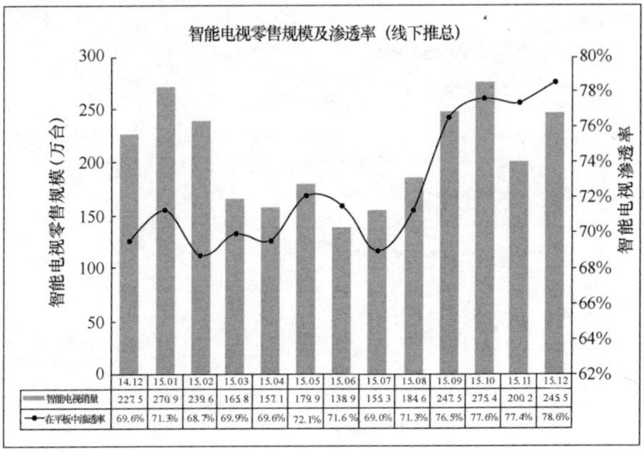

	14.12	15.01	15.02	15.03	15.04	15.05	15.06	15.07	15.08	15.09	15.10	15.11	15.12
智能电视销量	227.5	270.9	239.6	165.8	157.1	179.9	138.9	155.3	184.6	247.5	275.4	200.2	245.5
在平板中渗透率	69.6%	71.3%	68.7%	69.9%	69.6%	72.1%	71.6%	69.0%	71.3%	76.5%	77.6%	77.4%	78.6%

数据来源：奥维云网（AVC）

图25-2　智能电视零售规模及渗透率（线下推总）

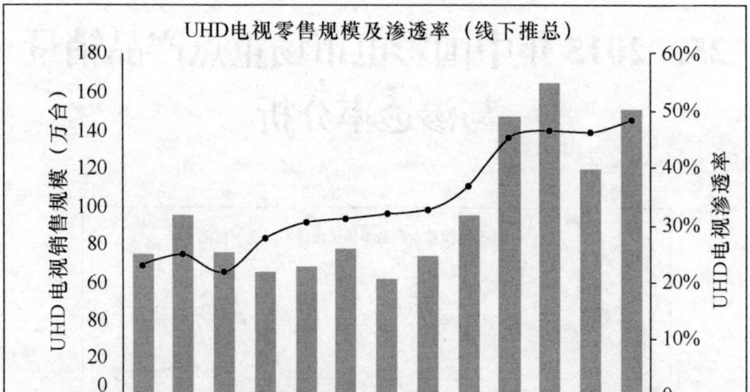

	14.12	15.01	15.02	15.03	15.04	15.05	15.06	15.07	15.08	15.09	15.10	15.11	15.12
UHD电视销量	75.0	95.0	75.9	65.6	68.6	77.7	62.0	73.7	95.4	146.6	165.1	119.7	151.0
在平板中渗透率	22.9%	25.0%	21.8%	227.7%	30.4%	31.2%	31.9%	32.7%	36.8%	45.3%	46.5%	46.2%	48.3%

数据来源：奥维云网（AVC）

图 25-3　UHD 电视零售规模及渗透率（线下推总）

第六篇

主编单位及支持机构介绍

26. 中国电子视像行业协会介绍

中国电子视像行业协会的英文名称为 China Video Industry Association（缩写 CVIA），成立于 1988 年 9 月 2 日，前身为 1979 年成立的全国电视机行业协会及相关专用部件协会。中国电子视像行业协会是经国家民政部批准的具有社团法人资格的全国性行业组织。中国电子视像行业协会作为我国消费电子领域最具权威性和影响力的国家一级行业组织，经过 30 多年的发展，业务范围已涵盖数字视听（电视机、商用显示设备、摄录编设备）、数字家庭（智能家居）、视频监控、智能云服务等全产业链上下游；协会在行业标准制定、市场规范、行业自律、海外维权、政策制定等方面取得了突出成就，充分维护了行业利益和会员的合法权益。

一、宗旨

遵守国家宪法、法律、法规和政策；遵守社会道德风尚，为会员服务，为政府服务；维护行业和会员合法权益；在政府和企事业单位之间发挥桥梁和纽带作用，推动电子视像行业健康发展。

二、主要职责

负责电子视像行业和以音视频技术为基础的消费类电子产业的行业自律，协助政府加强行业管理，承担政府授权和交办的有关行业管理职能；根据行业发展的需要及国家有关的方针、政策，制定行业技术标准和行业规范；经政府有关部门批准开展对行业信息的调查、收集、统计、研究；对视像行业的产品和技术进行推荐，开展行业调查和研究，组织开展信息交流、国际合作、咨询服务和业务培训；促进会员之间、行业之间、上下游产业之间的技术、经济合作；协调会员之间的关系，促使在进出口贸易和技术引进等方面体现行业整体利益；规范行业售后服务工作，提高售后服务水平；针对行业内技术、经济、企业管理等方面存在的问题，集中行业优势组织调研或攻关；反映会员的愿望和要求，提出行业发展的建议，为行业及会员企业创造良好的政策和市场环境等。

三、业务领域

- 根据国家有关政策法规，结合行业特点，制定行业的行规行约，建立行业自律机制，不断规范行业行为。认真贯彻国家电子信息产业相关政策，促进显示行业结构调整，推进技术进步，加强节能环保，开拓市场，在维护市场秩序、促进公平竞争，在行业科学发展、提高行业运行质量等方面，发挥行业组织的作用。

- 参与行业内重大投资、改造、开发项目的先进性、经济性和可行性的前期论证，推动科技创新、管理创新与产品开发，组织行业共性技术开发和科技成果的推广应用，组织开展视像行业科学技术奖等创新成果的评审奖励工作。

- 参与制定、修订行业有关的技术、经济、管理等标准、规范，组织推进会员单位贯彻实施，开展行检、行评工作。对不符合国家标准、行业标准和其他标准的产品与企业，配合政府部门进行督促整改。

- 组织收集、整理、分级发布有关国内外显示行业市场状况和经营管理、经济技术等的信息。监测行业经济运行态势，开展专题研究。对会员单位的经营管理、发展战略及经济技术指标进行分析、评价，提供咨询服务。组织行业间技术、经济、市场、企业管理等方面的交流。总结、宣传、推广先进典型经验。

- 代表中国视像行业和组织国内有关企事业单位开展与国际同业组织、境外企业的交流与合作，保持与国际有关显示同业组织的联系，互通信息，进行协商对话，促进对外经济技术交流与合作。

- 开展视像行业技术、产品、市场等方面热点与难点问题的研究，发布研究成果，承担有关咨询服务业务。参与拟定行业发展规划、产业政策法规的相关工作，为政府加强宏观调控和管理提出咨询建议，向政府反映企业要求和争取政策支持。

• 组织有关的业务培训，研究制定有关技能、职称评定标准与考核办法，组织开展视像行业职业技能竞赛，提高职工的专业和技术素质。

• 编辑出版行业权威书刊，宣传行业正确导向和引导理性消费。

• 依法开展视像行业统计、调查、分析和上报等项工作。代表行业或协调企业进行反倾销、反补贴、保障措施等相关工作，协调企业进出口工作。

• 做好本会自身建设和管理工作，承担政府交办的其他事项，接受会员和社会的委托，提供专项服务。

网址：http://www.cvianet.org.cn

微博：http://weibo.com/cvia

公共微信平台：中国电子视像行业

协会秘书处 电话：010-88686421/26/17；传真：010-88686421

地址：北京市石景山区石景山路乙18号3号楼万达广场D座10层；邮编：100040。

来源：中国电子视像行业协会

27. 深圳创维-RGB 电子有限公司介绍

创维成立于 1988 年，总部坐落在具有创新“硅谷”之称的深圳高新技术产业园，拥有 3 万多名员工。创维立足中国，面向全球，是以研发制造消费类电子、显示器件、数字机顶盒、安防监视器、网络通信、半导体、冰洗、3C 数码、LED 照明等产品为主要产业的大型高科技集团公司，2000 年在香港主板上市（HK00751）。经过 25 年的发展，创维已跻身世界十大彩电品牌、中国显示行业领导品牌和中国电子百强第 14 位，2014 年创维品牌的价值持续增长至 556.95 亿元，继 2013 年品牌价值 485.07 亿元后再获突破。

创维坚持“核心产业做强，相关产业做大”战略，以香港创维数码控股有限公司为龙头，旗下设深圳创维-RGB 电子有限公司、海外发展公司、数字技术公司、群欣安防科技公司、液晶器件公司等 10 多家产业公司。拥有成都、南京、宜春三大物流中心；深圳石岩、深圳龙岗、深圳公明、广州、南京、内蒙古呼和浩特等生产基地；香港、深圳、北京、广州、南京等科研机构；国内彩电、数字机顶盒、安防监视器市场占有率，LCD 市场占有率，彩电行业持续盈利，年发明专利数量 6 项行业第一。

深圳创维-RGB 电子有限公司（创维集团彩电事业本部）是以彩电研发、生产、销售为主营业务的产业公司，作为创维集团的支柱型产业，彩电事业本部支撑了整个集团绝大部分的营业收入。彩电事业本部始终朝着全面第一的方向不懈努力，包括市场占有率第一、盈利能力第一、平均单价第一及产品创新能力强。在 2012 财年，彩电事业本部销售收入 261 亿元，占集团总收入的 84.3%；在大力拓展海外市场的同时，国内市场销售继续保持第一。

彩电事业本部以科技进步为核心，坚持产品主义，坚持技术领先，以用户需求为导向，研发生产出多款首创产品，不断推动产业升级。彩电事业部早在 1997 年就开始与华中理工大学、东南大学、法国汤姆逊、美国 TI 等多个单位合作，2000 年在深圳电视台成功进行了数字传输、解码播出试验，成为国内最早系统推出高清数字电视解决方案的厂家之一；2001 年开创的纯平风暴和 PDP 电视、HDTV 等产品为企业赢得市场先机；2002 年率先推出 100 赫和 1250 逐行扫描等“健康”电视，引领国内显示产业新潮流；同年公司成功推出数字高清晰度电视及模拟兼容接收机，并入选 2003 年度深圳市技术创新计划；2003 年年底，创维率先在全国第一个推出拥有自主知识产权的“Ⅶ数字引擎”技术，代表中国企业实现从追赶国际领先技术转为引导国际技术发展方向的历史跨越；2004 年创维推出“A12 音响引擎”，并研制出中国首台通过国家标准的高清显示器和中国首台机卡分离数模一体机产品；2005 年创维成功研制出魔画六基色技术，并获得广东省科技进步一等奖、深圳市科技进步一等奖，同年高清超级处理器技术也获得广东省和深圳市科技进步三等奖；2006 年创维又成功推出屏变技术、3G-USB 技术、屏稳技术、内嵌 H.264 可录和多媒体播放的液晶电视等一系列技术产品，其中融合屏变技术和 3G-USB 技术的液晶电视的技术创新与产业化应用项目获得广东省科技进步二等奖和深圳市科技创新奖；2007 年创维乘风破浪又推出酷开电视（CooCaaTV），赢得专家和消费者的一致好评，并在市场中掀起酷开浪潮；2009 年创维成功开发出新一代酷开多媒体网络电视，推出超薄 LED 背光液晶电视系列 LED10，受到市场追捧；2010 年创维推出全球唯一单芯片的酷开高清数字一体机，首创嵌入式 ALL-HD 数字芯，无需机顶盒，使用一个遥控器即可实现对有线和地面无线数字信号的全高清解决方案，联合创维数字技术公司提前布局三网融合，推进数字电视产业化发展；2010 年创维推出的“酷酷聊天电视技术”、2011 年推出的“酷开云平台”“酷享 TV”等已经通过科技成果鉴定；2011 年成为国内第一家推出创维智能云电视的企业，获得市场一致好评，又一次引领彩电业潮流；2012 年推出云健康智能电视，将智能电视的应用升级，关注家庭健康和医疗保健等方面的应用；2013 年年初创维发布拥有自主知识产权的创维酷开系统，专为电视设计，是全球首款继电脑、手机操作系统之后的“第三类操作系统”，并逐渐开始在创维中高端产品上标配。

凭借强大的技术优势，创维近年来先后承担国家火炬计划项目、国家高技术产业化示范工程、信息产业电子发展基金、开发出三网融合机顶盒并应用于国内首个高清平移项目（国内首家）、粤港关键领域重点突破、省市战略性新兴产业等科技研发和技术攻关项目 80 余项。截至 2012 年 4 月 30 日，彩电事业本部共申请专利 1636 件，其中发明 747 件，实用新型 531 件，外观设计 358 件。

自成立以来，创维集团先后获得中国名牌产品、中国驰名商标、中华电子企业最有价值品牌、深圳市市长质量奖、国家质量免检产品、国家进出口 AA 级企业等荣誉。尤其是在 2007 年，创维被授予“中国航天事业合作伙伴”，其电视、手机、监视器被指定为“中国航天专用产品”，创维三大类产品同时被指定为中国航天专用产品，首开业界先河。“中国航天专用产品”不论对产品技术水平还是质量水平，都有相当高的要求。这些荣誉证明了创维的质量和品质过硬，也成功塑造了创维的品牌形象。

在 27 年的实践与探索中，布局长远的创维坚信，服务已经成为品牌竞争力提升的重要筹码。现在的智能电视较以往的电视功能更多，应用更复杂，平台更开放，因此需要更加全面、细致、专业的售后服务。为此，创维对服务工作加快了转型升级，把服务的核心从单纯的关注售后服务保障，快速转变为全面提升消费者价值的高度。全面提升服务的及时性、专业性和满意度；为消费者提供更多便捷，在产品购买、送货、付款、安装、调试、周边产品提供和电视保养等方面实现一站式解决。

2013 年 1 月，创维集团耗资 500 多万元建成行业最具规模的呼叫中心，并进行了系统的升级改造，现拥有客服人员近 300 名，日均接入能力达 3 万多条，一次性接通率高达 98.3%。升级改造后进一步提升了呼叫中心的运营专业化水平，将自动语音应答、人工服务、VIP 服务、Internet 等合为一体，不受时间、区域限制，为广大消费者提供产品的咨询、报修、投诉、安装、回访、信息反馈等全方位服务。与此同时，该系统具有强大的用户识别与记忆功能，通过用户姓名甚至用户预留的手机号码识别用户，可以在第一时间通过历史联系记录分析用户需求，以使创维在为用户服务的过程中做到充分的个性化。

另外，消费者可在创维售后服务官方网站 www.95105555.cn 及在线 QQ 进行咨询、报修服务。诸多举措使得创维与消费者间达成了零距离沟通，同时强调承诺的快速兑现，全过程地呵护创维消费者，为消费者提供轻松、快乐的一站式服务。

创维在全国拥有服务网点 5000 多家。其中，地级城区及乡镇市场 1400 多家、县级城区及乡镇市场 2000 多家、乡镇农村市场 1800 多家，形成了以城区服务网点为中心、周边服务网点为基点的强大而完善的售后网点服务网络，基本实现了服务无盲区、快速响应、及时服务，全力为消费者提供便利。

创维先后获得众多服务荣誉，仅 2012 年和 2013 年，就获得中国质量万里行促进会“服务质量先进企业”、中国电子视像行业协会“售后服务先进企业”、中国质量检验协会“中国质量检验协会团体会员单位”、《中国消费者报》“优质服务先进单位”、经济杂志社“全国售后服务公众满意十佳呼叫中心”、中国电子质量管理协会“2012 年度中国电子信息行业用户满意企业”、《中国消费者报》“2012 年度优质服务倡导单位”等荣誉。

经过 20 多年的发展，彩电事业本部已经逐渐形成一套完整的生态体系，并围绕平板显示产业链开展了上下游的产业投资活动，形成了贯穿整个产业链的业务集群，如与上游屏体厂商 LGD 及群创长期保持良好的合作关系，并投资 LGD 广州 8.5 代线，确保了供应链的稳定。此外，彩电事业本部已投资建成广州、石岩、呼和浩特、南京四大平板基地及成都、宜春、南京三大物流基地，凭借敏锐的产业布局及供应链整合能力，创维在产业升级中数次夺得先机，逐渐发展成为彩电行业的领军品牌。

彩电事业本部拥有强大的经销网络及营销能力，目前已在国内设立 41 个销售分公司、215 个办事处，同时拥有 5000 家专卖店、3200 家县城店及 17000 家乡镇店，签约客户达 20000 多个。渗透各级市场的完善的分销体系，加之多年来对渠道的布局和精耕细作，贯彻落实“渠道平衡”策略，使得彩电事业本部的市场竞争力逐年攀升，连续 7 年获得国内市场销售冠军。同时，彩电事业本部也大力拓展海外业务，由“中国著名品牌”向“世界著名品牌”跨越。目前，海外市场业务遍及东南亚、中东、非洲、澳大利亚、南美洲、欧洲等多个区域，并继续向其他区域市场渗透。

差异化领先的策略为创维电视夺取了坚固的市场地位。彩电事业本部在经济规模不断扩大、自主创新能力显著增强的同时，始终坚持做到比竞争对手快半步。凭借产品、营销、售后服务等多方面的优势，创维电视在彩电市场佳绩频传，技术和产品转型走在行业的前列，不断推动彩电行业加速向前发展。

来源：深圳创维-RGB 电子有限公司

28. 北京奥维云网大数据科技股份有限公司介绍

奥维云网（AVC，证券代码 831101）于 2007 年由国家工业和信息化部、中国电子视像行业协会倡导成立，是一家专注于家电、消费电子、显示及数字内容、商用系统等垂直领域的大数据服务商。

截至 2015 年年底，奥维云网已经建立起覆盖全国的 1070 个市县、6800 家网点的线下零售监测体系和覆盖全网 13 家主流电商的线上监测网络。在北京、上海两地设立了数据处理技术中心，在深圳、广州、青岛、上海拥有办事处，在中国台湾地区、日本东京设立了联络处，目前员工人数 180 人，70%以上为研究人员。

奥维云网作为垂直领域数据行业的开拓者和领先者，正不断引领潮流，逐渐从单一的市场监测研究机构，转型为一家“垂直领域的大数据应用服务商”。公司目前已形成数据采集、处理、挖掘、可视化和应用的大数据技术能力，满足客户在战略决策、产品研发、市场预测、营销管理、用户洞察等方面的需求，帮助企业提前把握用户需求，洞察市场先机，为企业的精准营销和商业决策提供可落地和有实效的大数据应用服务。

凭借专业的研究能力和优秀的客户服务，奥维云网已与百余家国内外知名企业建立了合作关系，在业界树立了专业形象，代表了本土的权威咨询力量。

未来，奥维云网将持续完善技术和平台建设，构建垂直领域的数据体系和应用服务，产品和服务向互联网、移动互联网转型，并积极布局新业务、新数据源，在更大范围内整合行业和社会资源。

黑电事业群（AVC BGBU）隶属于奥维云网，于 2007 年正式成立，专注于彩电全产业深度咨询服务，业务范围涵盖平板显示产业链、线上/线下零售数据研究、智能硬件三大领域，至今已成为中国彩电领域最专业、规模最大的咨询服务团队。

黑电事业群的研究范畴涵盖从上游原材料、整机到终端零售的全产业链模式；拥有产业、市场、用户 3 个层面纵深化的完整研究体系，也是国内同行业中最优秀的研究体系；致力于打通彩电产业链上下游；以多元多维度数据为基础，深入行业分析，关注用户需求与行为，形成一个研究的内循环；做聚焦领域的数据、行业、产业、用户研究专家。

黑电事业群彩电事业部作为奥维云网最成熟的研究体系之一，依托科学的零售监测系统、调查访问网络以及广泛的业界资源，专注于彩电及周边产品，进行包括终端零售数据挖掘、数据库、市场规模与结构评估、产品价格监测、新产品监测、促销信息监测、市场热点分析、零售渠道分析、产品企划、渠道策略等在内的研究咨询服务。

黑电事业群显示产业链事业部主要从事显示行业从上游原材料、整机到终端零售的显示全产业链研究，致力于打造成中国大陆最权威的产业链研究咨询机构。其研究范畴包括上游原材料（玻璃、芯片、面板、膜片、设备）、整机（内外销、库存、供应链关系、生产）、下游终端零售（价格、机型、渠道、销量）领域的行业研究及相应客户的开发推广，对于显示行业整体发展趋势、面板整机价格、供应链关系、库存、供需平衡等进行深入全面的分析研究。

黑电事业群智能硬件事业部依托公司多年的市场研究咨询经验与自有大数据资源持续开展智能硬件产品、内容与用户研究，基于行业深度洞察，为智能穿戴、智能健康、智能家居外设终端企业以及电信运营商、广电运营商和投资机构等客户提供市场监测、专项研究以及大数据应用服务，助力客户决胜互联网时代。

在互联网和大数据时代，黑电事业群凭借对数据的敏感性和自身的数据优势，对大数据进行分析开发，在价格监控、消费者舆情分析、负评监控等新领域向客户提供系统的大数据应用服务，可满足客户在战略决策、产品研发、市场预测、营销管理、用户画像等各维度的需求，帮助企业提前把握用户的消费需求，洞察市场先机，为企业的精准营销和商业决策提供可落地和有实效的大数据综合解决方案。

黑电事业群拥有业内专业的资深研究团队，他们具有专业的数据挖掘、技术研发和项目管理能力，团队的大部分成员具备跨领域的知识结构和丰富的实践经验。其中数据分析和研究咨询团队的成员主要来自于专业咨询机构和上下游骨干企业，具备企业思维和专业视角，为众多企业与机构提供权威性、专业性、全面性的研究支持和解决方案。

黑电事业群先后与近百家国内外知名企业建立深度合作关系，客户范围涵盖了上游材料厂商、核心产业链部件供应商、品牌厂商、互联网企业、渠道商和周边产品服务商，其中不乏行业知名企业。黑电事业群团队具备丰富的企业工作经验，全面整合全产业链客户资源，为客户提供营销管理决策方面的咨询服务支持，打造定制化、高品质的专业服务体系。

来源：北京奥维云网（AVC）大数据科技股份有限公司